JN120197

一般社団法人 金融検定協会 認定

相続実務3級
検定試験模擬問題集
24年度試験版

■ 金融検定協会 編

銀行研修社

はじめに

2013年度の税制改正により、相続税の基礎控除が大きく引き下げられ、課税対象者が大幅に増加し、相続は多くの人にとって身近な問題となってきています。また、40年ぶりに相続に関する民法等の規定が改正され、相続預金の仮払い制度が創設されるなど、顧客の相続発生に伴う実務取扱いに大きな影響を及ぼし、さらに2023年には遺産分割や相続財産の管理・清算にかかる見直しが行われました。相続発生時には、相続人・被相続人間の法律関係について必要な調査・確認をしなければなりませんが、この調査についても個人のプライバシーに関わるだけに自ら限界もあります。そこで、取引に万全を期して厳格な画一的手続きを要求すると顧客の不満を招いて、悪くすれば取引が打ち切られたり、あるいは相続人間の争いに巻き込まれたりといった危険もあります。金融機関は如何に顧客からの要望に応じ、取引の安全を図るかということが課題となります。

また、相続に対する世の中の関心が高まる中で、今まで相続税など考えてこなかった顧客からの相談も増えてくるでしょう。そのニーズに応えられる知識の習得度合いを見極めることができる金融検定協会の相続実務3級検定試験は、これまで33回の開催を重ね、多くの合格者を輩出している実績のある検定試験です。

本問題集は、相続に関する基本的な法律知識のほか、金融実務上の基礎知識、そしてお客さまの関心の高い税金について、試験上のポイントをまとめた基礎解説に加え、過去に開催された「相続実務3級検定試験」の出題の一部及び模擬問題を、解答・解説を付して収載いたしました。

本問題集や関連通信教育講座等を参考に効率的な学習をされ、「相続実務3級検定試験」合格と、その成果を日々の業務に活かされることを願ってやみません。

2024年2月

一般社団法人　金融検定協会

目　　次

第１章　相続と法務

■ 基礎解説

◇第１章　学習の手引 …… 6
1．相続の開始 …… 9
2．相続人の範囲 …… 10
3．相続欠格と廃除 …… 12
4．相続財産 …… 14
5．法定相続分 …… 21
6．その他の相続分 …… 22
7．遺産分割 …… 24
8．相続の承認・放棄 …… 26
9．相続人の不存在 …… 29
10．遺言 …… 30
11．遺言・遺贈の撤回・放棄 …… 34
12．遺留分 …… 35
13．個人情報保護上の留意点 …… 38

■ 第１章の出題 …… 41

■ 第１章の解答・解説 …… 55

※問題右上の回数は、金融検定試験の出題回を表す。なお、2021 年 5 月試験より、5 月、11 月および 1 月特例試験ほか臨時試験をすべて通しの回号に変更しました。第 77 回は 2022 年 5 月開催、第 78 回は 2022 年 11 月開催、第 80 回は 2023 年 5 月開催、第 81 回は 2023 年 11 月開催。

第２章　相続と税務

■ 基礎解説

◇第２章　学習の手引……68

１．相続税の課税対象となる財産・ならない財産……70

２．相続財産から控除される財産……75

３．相続税の申告・納付……81

４．贈与税の課税対象となる財産・ならない財産……83

５．贈与税の申告・納付……93

６．財産評価……95

■ **第２章の出題**……103

■ **第２章の解答・解説**……114

第３章　相続と金融実務

■ 基礎解説

◇第３章　学習の手引……122

１．相続発生の情報入手と手続……124

２．遺産分割協議前の相続手続……130

３．遺産分割協議による相続手続……133

４．遺言書による相続手続……137

５．家庭裁判所における遺産分割の調停・審判等に基づく相続手続……145

６．相続財産清算人に対する相続手続……147

７．取引ごとの相続のポイント……149

■ **第３章の出題**……164

■ **第３章の解答・解説**……180

<資料>

民法　第五編　相続　（抜粋）……191

第1章

相続と法務

第1章　学習の手引

テーマ	80回	81回
1．相続の開始	○	○
2．相続人の範囲	○	○
3．相続欠格と廃除	○	
4．相続財産	○	○
5．法定相続分	○	○
6．その他の相続分		
7．遺産分割	○	○
8．相続の承認・放棄	○	○
9．相続人の不存在	○	○
10．遺言	○	○
11．遺言・遺贈の撤回・放棄	○	
12．遺留分	○	○
13．個人情報保護上の留意点	○	○

1．相続の開始

相続は被相続人の死亡によって開始するが、行方不明・失踪等においては擬制死亡という例外規定がおかれていることを学習する。本分野からは毎回1～2問程度、出題されている。また、第81回の出題はなかったものの、相続関係図を用いた出題がされることもあり、しっかりと理解を深めておくことが必要である。

2．相続人の範囲

相続人の順位、代襲相続、相続における胎児の規定について学習する。本分野からは、各2問出題されている。特に相続人の順位については整理し、理解しておきたい。

３．相続欠格と廃除

相続欠格事由および推定相続人の廃除について学習する。本分野からは出題されない回もあるものの、相続欠格と廃除の違いについては理解しておきたい。

４．相続財産

相続財産の積極財産と消極財産、相続の対象とならない財産について学習する。また、相続人は、相続の承認または放棄の判断を行うためには、相続財産の確認・調査が必要であるが、調査権を認めた判例および認めなかった判例について学習する。

５．法定相続分

被相続人から相続分の指定がなかった場合の民法における規定、法定相続分について学習する。本分野からは、毎回１～２問程度出題されており、相続人の身分によって法定相続分がどのように相違するのかをきちんと理解しておくべきである。

６．その他の相続分

遺言による相続分の指定、特別受益、寄与分について学習する。改正民法の施行により寄与分の規定が改正されているため、旧規定との違いなどについて、よく理解しておく必要がある。

７．遺産分割

相続人が複数いる場合、遺産分割が必要なため、遺産分割協議により遺産を分割するが、遺言があるケースについても学習する。本分野からは毎回１～２問出題されており、遺産分割協議に関する規定等を学習しておきたい。

８．相続の承認・放棄

相続について、相続人に与えられる選択肢である単純承認、限定承認、相続放棄について学習する。本分野からは、毎回１～２問出題されており、軽視は禁物である。それぞれの特徴および効果について、しっかり理解しておく必要がある。

9．相続人の不存在

相続人のあることが明らかでないときの相続財産法人規定および相続財産の管理・清算、特別縁故者について学習する。2023年施行の改正法により、相続財産の管理・清算に関する規律の見直しが行われており、しっかりと理解しておきたい。

10. 遺言

遺言の方式である自筆証書遺言、公正証書遺言、秘密証書遺言、遺言の検認、遺言執行者について学習する。また、自筆証書遺言書保管制度についても要点をおさえておきたい。本分野からは、毎回4問程度出題される最頻出テーマであり、また改正民法による自筆証書遺言の方式の緩和など、理解を深めておきたいテーマである。

11. 遺言・遺贈の撤回・放棄

いったん有効に遺言が成立しても、遺言者はいつでも遺言の全部または一部を自由に撤回できることを学習する。本分野からの単独の出題は少ないものの、前項の遺言に関連して出題されることが多く、ポイントをしっかり理解しておきたい。

12. 遺留分

遺留分、遺留分侵害額請求、遺留分の放棄について学習する。本分野からは、毎回1～2問出題されており、誰が遺留分権利者であり、その比率がどのくらいなのか、また民法改正により、遺留分減殺請求から遺留分侵害額請求に変わった規定など、よく学習しておきたいところである。

13. 個人情報保護上の留意点

相続手続における個人情報保護について学習する。本分野からは、過去はあまり出題されていなかったが、近年は連続で出題されたこともあり、よく理解しておく必要がある。

1．相続の開始

（1）被相続人の死亡

民法882条は、「相続は、死亡によって開始する」としており、相続の開始要件は被相続人の死亡である。ここにいう「死亡」とは、自然的死亡および失踪宣告による擬制死亡をいう。

そして、相続人は、相続開始の時から、被相続人の財産に属した一切の権利義務を承継する（民法896条本文）から、被相続人の死亡により、相続人は、相続財産を当然に承継することとなる。他方、遺言相続の場合にも、遺言の効力は遺言者の死亡時に発生するものとされている（民法985条1項）。

また、民法は、数人が死亡した場合において、その死亡の先後が不明の場合には、同時に死亡したと推定することとしている（民法32条の2）。

（2）行方不明・失踪

①普通失踪と擬制死亡

不在者の生死が7年間明らかでないときは、家庭裁判所は、利害関係人の請求により、失踪の宣告ができるとされ（普通失踪、民法30条1項）、失踪宣告を受けた者は7年間の期間満了時に死亡したものとみなされる（民法31条）。このように、失踪者は死亡が擬制されるため、擬制死亡時（7年間の期間満了時）から失踪者について相続が開始する（民法882条）。

②特別失踪と擬制死亡

戦地に臨んだ者、沈没した船舶の中にあった者その他死亡の原因となるべき危難に遭遇した者の生死が、それぞれ、戦争が止んだ後、船舶が沈没した後またはその他の危難が去った後、1年間明らかでないときは、家庭裁判所は、利害関係人の請求により、失踪の宣告ができるとされ（特別失踪、民法30条2項）、失踪宣告を受けた者はその危難が去った時に死亡したものとみなされる（民法31条）。このように、失踪者は死亡が擬制されるため、擬制死亡時（危難が去った時）から失踪者について相続が開始する（民法882条）。普通失踪と特別失踪とで擬制死亡時が異なる点は、注意が必要である。

③失踪宣告の請求ができる「利害関係人」

普通失踪の場合も特別失踪の場合もともに、家庭裁判所の失踪宣告は利害関係人による請求が前提である（民法30条）。

同条の「利害関係人」とは、失踪宣告をすることについて法律上の利害関係を有する者のことをいう。

不在者の配偶者や法定相続人は問題なく同条の「利害関係人」であるが、債権者・債務者その他取引関係の相手方は、一般には不在者の死亡について特に利害関係があるとはいえない。しかし、不在者の死亡によって消滅する債務を負担する者、終身定期金債務者などは、失踪宣告によって債務を免れる者であり、不在者の債権者、相続人たるべき者の債権者も、相続によってその債務者の財産が増加すべき場合は、利害関係を有する者と解される。

④失踪宣告の取消

なお、普通失踪の場合も特別失踪の場合もともに、失踪者が生存することまたは失踪宣告による擬制死亡時と異なる時に死亡したことの証明があったときは、家庭裁判所は、本人または利害関係人の請求により、失踪宣告を取り消す（民法32条1項）。

2．相続人の範囲

（1）相続人の順位

民法は、被相続人と一定の親族関係にあった者を相続人としており、相続人となる順位をつけている。民法の定めた順位に従って、相続人が決定される。

被相続人の子（民法887条1項）またはその代襲者（民法887条2項）・再代襲者（民法887条3項・887条2項）が第一順位の相続人である。次に、被相続人の直系尊属のうち、親等の近い者が第二順位の相続人とされている（民法889条1項1号）。第二順位とは、第一順位の相続人すなわち被相続人の子またはその代襲者・再代襲者がいない場合に相続人となるという意味である。直系尊属が健在でない場合には兄弟姉妹（民法889条1項2号）またはその代襲者（民法889条2項・887条2項）が第三順位の相続人となる。

さらに、民法は、被相続人の配偶者は常に相続人となる、としている（民法

890条）。

（2）代襲相続

被相続人の財産が相続によって相続人に移転するためには、相続開始の時点でその相続人が存在していなければならないという大原則がある（同時存在の原則）。しかしその例外の一つに代襲相続・再代襲相続がある。

被相続人Aが死亡した時に、これより前に子Cが死亡していたとすると、Cは相続人となりえない。しかし、A死亡時にCの子Dが存在していればDがAの相続人となる（民法887条2項）。これが子の代襲相続であり、この場合のDをCの「代襲者」という。

このような代襲相続が認められている根拠は、子は親よりも長生きするのが通常であり、子が親を相続し、その後、子の死亡により孫が子を相続するのが通常であるところ、子が親よりも早く死亡するという偶然の事情により、孫が親の有していた財産を相続できないとするのは望ましくないと考えられているからである。

また被相続人Aが死亡した時に、これより先にAの子CおよびCの子Dの双方が死亡していた場合に、Dの子Eが存在していればEがAの相続人となる（民法887条3項）。これが子の再代襲相続であり、この場合のEをCの「再代襲者」という。

（3）胎児

同時存在の原則からすれば、相続人は相続開始の時点で既に生まれていなければならないはずである。

しかし、この点についても重要な例外がある。民法は、胎児は、相続については既に生まれたものとみなす、としているのである（民法886条1項）。

ただし、胎児が死体で生まれたときには、この例外は適用されない（民法886条2項）。

遺産分割協議をしてしまった後に胎児が生まれると、法定相続人を欠く遺産分割協議として無効となってしまうため、被相続人死亡時に胎児がいる場合には、胎児が生まれるのを待って、遺産分割協議を行わなければならない。なお胎児に代理人をつけて遺産分割協議を行うことはできないとされている（大審

院昭和7年10月6日判決・民集11巻203頁)。

3．相続欠格と廃除

(1) 欠格事由

①意義

相続欠格とは、相続人が一定の非行をした場合に、法律上当然に相続権を剥奪する制度である。相続に関して不正な行為をした者の相続を認めることは、正義に反し、法律感情の許さないところであるから、一種の制裁ないし私法罰として、かかる制度が採用されている。

②相続欠格事由

民法891条は、相続欠格事由として、以下の5つを挙げている。すなわち、

ア. 故意に被相続人または相続について先順位もしくは同順位にある者を死亡するに至らせ、または至らせようとしたために刑に処せられた者(1号)

イ. 被相続人が殺害されたことを知りながら、これを告発せず、または告訴しなかった者(2号。ただし、その者に是非の弁別がないとき、殺害者がその者の配偶者もしくは直系血族であった時は例外)

ウ. 詐欺または脅迫によって、被相続人が相続に関する遺言をし、またはその取消・変更をすることを妨げた者(3号)

エ. 詐欺または脅迫によって、被相続人に相続に関する遺言をさせ、またはその取消・変更をさせた者(4号)

オ. 相続に関する被相続人の遺言書を偽造、変造、破棄または隠匿した者(5号)

は、相続人となることはできない。

③効果

相続欠格の効果は、特段の裁判手続や意思表示を要することなく、法律上当然に発生し、相続欠格者は相続資格を失う。

ただし、この効果は相対的なものであり、相続欠格者は問題となっている被相続人との関係でのみ、相続資格を失うに過ぎない。すなわち、相続人が自ら

の父を殺した場合に、当該相続人は、父を被相続人とする相続においては欠格者となるが、自らの子が死亡した場合には、子を被相続人とする相続についてまで相続資格を失うわけではない。

また、相続欠格の効果は一身専属的であり、欠格者の子は代襲相続が可能である。

（2）推定相続人の廃除

①意義

廃除とは、被相続人の請求に基づき、家庭裁判所が審判または調停により、遺留分を有する特定の相続人の相続資格を剥奪する制度である。一定の非行をした相続人の相続資格を剥奪するという点では、相続欠格と同様の意味を持つ制度であるが、被相続人の意思によるという点で、相続欠格とは異なる。法律上当然に相続資格を剥奪すべきといえるほど重大な非行でなく、より軽度の非行がある場合の制裁ということもできるだろう。

なお、廃除は遺留分を有する相続人に対してのみ認められる。被相続人は、遺留分を有さない特定の相続人に相続させることを欲しない場合には、全財産を遺言または生前処分により他に処分すればよいだけだからである。したがって、兄弟姉妹に対する廃除はあり得ない（民法1042条参照）。

②廃除事由

民法892条は、廃除原因として、

ア．被相続人に対する虐待または重大な侮辱

イ．その他の著しい非行

の２つを挙げる。

イ.の具体例としては、多数の女性と情交関係を結び、父母妻子を捨てて顧みない事例(東京高裁昭和24年6月21日決定､家庭裁判月報1巻9=10号3頁)や、正業に就かず浪費を重ね、社会の落伍者の地位に転落した、いわゆる「親泣かせ」の事例（東京家裁昭和42年1月26日審判、家庭裁判月報19巻9号59頁）などがある。

③廃除の手続

廃除は、家庭裁判所の審判または調停によらなければ効力を生じない（民法892条）ので、廃除を希望する者は、家庭裁判所に廃除の申立をしなければな

らない。なお、廃除は遺言によってもなすことができ、その場合、遺言執行者が廃除の申立をする（民法893条）。

④効果

廃除の審判の確定または調停の成立により、被廃除者は相続資格を失う。その効果が相対的・一身専属的であることは相続欠格と同様である。

⑤廃除の取消

廃除は、被相続人の意思により特定の相続人の相続資格を剥奪することを認める制度であるから、被相続人が当該相続人に相続させることを希望する限り、特段の理由なく、廃除の取消により相続資格を回復させることは可能である。ただし、権利関係を明確にするため、取消にも家庭裁判所の審判または調停が必要である（民法894条）。

4．相続財産

（1）相続財産の範囲

①積極財産と消極財産

民法は、「相続人は、相続開始の時から、被相続人の財産に属した一切の権利義務を承継する」と定める（民法896条本文）。したがって、所有権をはじめとする物権や、債権、債務、無体財産権も全て包括的に相続の対象となる。すなわち、相続の対象となる財産には、不動産、現金、預貯金、株券などのプラスの財産（積極財産）だけではなく、借入金、住宅ローン、損害賠償義務などのマイナスの財産（消極財産）も含まれる。また、通常の保証債務についても相続の対象となる。

そのため、相続が生じた際、積極財産より消極財産の額が多い場合もあり得ることとなるが、その場合でも、原則として、全ての財産（積極財産および消極財産）を受け継ぐことになる。もっとも、このような場合は、積極財産、消極財産のどちらも受け継がない方法（相続放棄）をとることができる。また、積極財産の範囲内で引継ぐという条件付で相続する限定承認という方法もあり、遺産がプラスになるかマイナスになるか不明確であるようなときに用いられる。

②相続の対象とならない財産

前述のように、相続においては、被相続人が有していた全ての財産を相続することが原則ではあるが、民法は、「被相続人の一身に専属したものは、この限りではない」と規定し、相続財産の対象外の財産があることを認めている（民法896条但書）。

ここで、何が「被相続人の一身に専属した」財産といえるかが問題となる。被相続人の一身に専属する債務の典型例としては、芸術作品を作る債務や雇用契約上の労務提供債務（民法625条2項）などがある（これらの場合に、相続人がかかる債務を相続しないということは容易に理解できる。すなわち、ある陶芸家が、ある依頼者から依頼された作品の制作中に死亡した後、その子供が父親（または母親）に代わって作品を制作する債務を負うということは、不合理である）。

被相続人の一身に専属する債務として、銀行取引実務上、直面しうる問題としては、身元保証と信用保証（根保証）が考えられる。

判例は、身元保証契約の相続性を否定し（大審院判昭和18年9月10日判決、民集22巻948頁）、信用保証についても、限度額および期間の定めのない継続的信用保証契約は、特段の事情のない限り、相続人は保証債務を負担しないとして相続性を否定した（最高裁判昭和37年11月9日判決、民集16巻11号2270頁）。もっとも、身元保証および信用保証のいずれについても、相続のときに既に発生していた債務については相続の対象となる。相続性が否定されるのは、被相続人の死後に、身元保証契約や信用保証契約に基づいて生じる債務である。身元保証や信用保証は、保証人と被保証人との個人的信頼関係が基礎となっていることがほとんどであり、保証人が死亡した後、その相続人にまでその責任を負わせることは酷であることから、かかる例外が認められている。すなわち、相続人には被相続人（保証人）と被保証人との間にあったような個人的信頼関係は存在しないと考えられるために、例外として相続の対象から除外されるのである。

（2）配偶者居住権

被相続人の持ち家に住んでいる配偶者が、被相続人死亡後でも支障なく居住を続けることができるようにするため、改正相続法では、相続財産の対象として、「配偶者短期居住権」と「配偶者居住権」という概念が新たに設けられ、2020年4月1日に施行となった。

①配偶者短期居住権（民法1037条～1041条）

改正相続法は、「配偶者は、被相続人の財産に属した建物に相続開始の時に無償で居住していた場合」に「所有権を相続または遺贈により取得した者」（＝居住建物取得者）に対し、「居住建物について無償で使用する権利」（＝配偶者短期居住権）を認めた（民法1037条以下）。

(i)　配偶者短期居住権が認められる期間

配偶者に、いつまで配偶者短期居住権が認められるのかについては、次の2パターンに整理できる。

パターン1：居住建物を、配偶者を含む共同相続人間で遺産分割する場合

この場合、「遺産分割により居住建物の帰属が確定した日」と、「相続開始の時から6カ月を経過する日」のいずれか「遅い」ほうの日まで、配偶者短期居住権が認められる。

パターン2：居住建物について、配偶者が遺産共有持分を有しない場合※

この場合、居住建物取得者による配偶者短期居住権の消滅の申入れの日から6カ月を経過する日まで、配偶者短期居住権が認められる。

※Aが、自宅について「長男Cに相続させる」という遺言を残していた場合等（実際はかなり稀な例と思われる）。配偶者Bが、相続放棄をした場合等。

(ii)　配偶者短期居住権の効果

配偶者は、遺産分割が終了するまで無償で遺産である居住建物に居住できる（遺産分割においても、その居住利益は考慮されない）。

配偶者短期居住権については、「相続が発生した際に、配偶者が被相続人の所有する不動産の居住権を獲得できる権利」と考えれば「相続財産」とも言えるが、「相続開始時を始期とし、遺産分割時を終期とする使用貸借契約が成立していたものと推認される」とした判例（最三判平成8年

12月17日、民集50巻10号2778頁）の法制化と考えた場合は、配偶者の使用貸借権であり、「相続財産」とは言えないであろう。

② 配偶者居住権（配偶者長期居住権※）（民法1028条～1036条）

※法律上は、「配偶者居住権」であるが、「配偶者短期居住権」との比較対比において、「配偶者長期居住権」と俗称する場合がある。本項目では、法律どおり「配偶者居住権」と記載する。

改正法では、配偶者が居住建物に終身（または一定期間）居住できる法定の権利を創設（登記によって第三者に対抗も可能）し、遺産分割（協議・調停・審判）、遺言等において、配偶者に（長期）居住権を取得させることができるようにした。

この場合、

・Ｂは、配偶者居住権（評価額6,000万円）を取得し、

・ＣとＤは、配偶者居住権の負担付所有権（評価額6,000万円）を取得するといった遺産分割（遺贈）が可能になった。

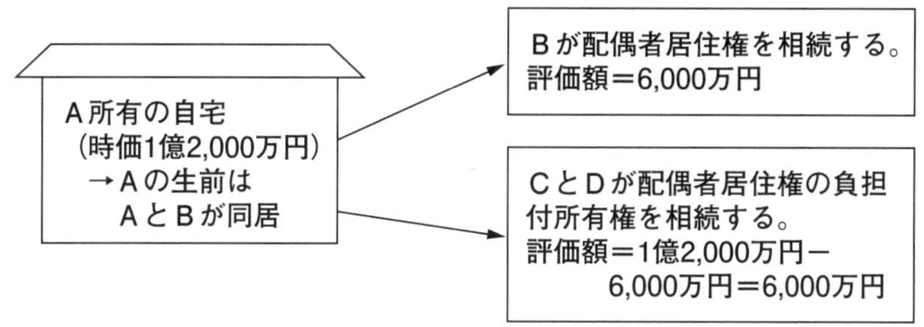

③ 配偶者居住権が金融実務に与える影響

イ．配偶者短期居住権

配偶者短期居住権は、登記等による「対抗要件制度」の適用はない。したがって、配偶者が「居住建物取得者」に対して主張できる債権に過ぎない。

よって、居住建物取得者が、第三者に居住建物を譲渡したような場合には、配偶者は、配偶者短期居住権を第三者に対抗できない。

金融実務への法的な影響はないと考えられる。

例えば、金融機関が、配偶者の居住建物に「抵当権」を設定していた場合においては、競売することも可能である。

しかし、金融機関としては、配偶者短期居住権が法的な権利として認められたことを勘案すると、配偶者短期居住権が存続する間については、競売の実行については、慎重にならざるを得ない。

もっとも、遺産分割が、配偶者の抵抗により長期になったような場合（＝場合によっては、遺産分割の決着まで10年以上かかることもある）には、競売実施もやむを得ない。

この場合、配偶者短期居住権は、競落人に対抗できないので、入札価格への影響はそれほどないものと思われる。

ロ．配偶者居住権

(i)（根）抵当権設定後に、配偶者居住権が登記された場合

（根）抵当権が優先するため、金融実務（債権の管理・回収）への影響は特段ない。

金融機関としては、相続登記手続を債権者代位によって行った上で、競売をすることも可能である。

(ii) 配偶者居住権の設定がされた不動産を担保取得する場合等

この場合、どのように担保価値を評価するのかが問題となる。計算式の一例として、「収益還元法類似の方法」（公益社団法人日本不動産鑑定士協会連合会）がある。これは、

配偶者居住権の評価額＝

（建物賃料相当額－配偶者負担の必要費）×年金現価率※

※配偶者居住権の存続期間および割引率に対応する年金現価率

とするものである。

また、相続税における配偶者居住権の評価額を担保評価額とする考え方もある。

(iii) 配偶者居住権の登記

相続法改正に伴い、不動産登記法は以下の改正がなされた。

> 第81条の次に次の一条を加える。
>
> （配偶者居住権の登記の登記事項）
>
> 第81条の2　配偶者居住権の登記の登記事項は、第59条各号に掲げるもののほか、次のとおりとする。

> 一　存続期間
> 二　第三者に居住建物（民法第1028条第1項に規定する居住建物をいう。）の使用または収益をさせることを許す旨の定めがあるときは、その定め

では、配偶者居住権の登記の効力はどうなるだろうか。

不動産登記法81条は、賃借権の登記であるから、配偶者居住権は、登記することにより、賃借権と同様に第三者対抗要件を具備することになる。

もっとも、配偶者居住権が登記されたとしても、「居住建物について物権を取得した者その他の第三者」に対抗できるに過ぎない。

敷地の所有権を、相続人が第三者に譲渡した場合には、配偶者は、居住建物の占有権原としての配偶者居住権を、敷地の所有者には主張できない※。

※ただし、敷地を譲渡する際に、建物のために敷地利用権（地上権、賃借権等）が設定されていれば、配偶者は、敷地の譲受人に対して、建物所有者が有する敷地利用権を援用することが可能であり、敷地だけを敷地利用権を付けずに譲渡するということは、通常は想定しがたい。

（3）相続財産の確認・調査

相続人の財産調査に関し、民法915条2項は以下の規定を設けている。

> 民法915条2項
> 相続人は、相続の承認または放棄をする前に、相続財産の調査をすることができる。

これは、相続人が相続の承認または放棄の判断を行うためには、相続財産がどの程度の価値を有するものかを把握し、相続財産の価値と被相続人の負う債務を比較することが必要と考えられることから、相続人に相続財産調査の機会を与えたものと考えられる。

しかしながら、同項が相続人の財産調査を権利として認めたものであるかについては争いがある。東京地裁平成15年8月29日判決（金融法務事情1697号52頁）は、共同相続人の一人が単独で銀行に対して被相続人名義の預金の取引履歴の開示を求めた事案において、「民法九一五条二項は、『相続人は、承

認または放棄をする前に、相続財産の調査をすることができる』と規定しているところ、これは、相続人が承認または放棄につき熟慮する前提として、相続財産につき調査をする機会が与えられるべきことを規定したにとどまるのであって、同項自体が、相続人に調査権限を与え、被調査者にこれに応ずべき法的義務を負わせる趣旨のものとは解されない（注:この後、最高裁判決で同請求権は認められている（最一判平21.1.22))。したがって、同項は、原告が本件開示請求権を有することの根拠になるものではない」と判示し、民法915条2項に基づく相続人の取引履歴開示請求権を否定した。

しかし、同裁判例は、預金者は銀行に対して取引明細を開示するよう請求することができ、銀行がこれに応ずべき契約上の義務を負うことは預金契約に当然に付随する契約上の義務であるとした上で、預金債権のような金銭債権については、共同相続により各相続人が持分的権利を取得することに伴い、分割債権の原則（民法427条）に従い、各相続人が相続分に応じた割合で金銭債権を分割取得し、直ちに単独でこれを行使することができるものと解されること、また、当該相続分の限度においてではあるが、各相続人は、預金債権の包括承継人であり、被相続人の有していた契約上の地位を一般的に承継取得したものというべきであることを指摘し、「単独の預金者である各相続人は、銀行に対し、預金残高のみにとどまらず、自己の預金に関する取引履歴の開示を求める権利を有し、銀行はこれを開示すべき契約上の義務を負うというのが相当である（平成28年12月19日最高裁大法廷決定により、相続預金は相続人間で準共有される財産として遺産分割協議の対象とされた)。そして、各相続人の有する預金に関する取引履歴は、被相続人の有していた預金に関する取引履歴そのものであるから、結局、各相続人は、銀行に対し、被相続人名義の預金につき取引履歴の開示を求める請求権を有することができる」と判示し、共同相続人の一人が単独で行った取引履歴開示請求を認容している。

なお、共同相続人の一部から取引履歴の開示要求がなされた場合は、一定の留保条件はあるにしろ、取引経過開示は金融機関の法的義務とされる判決が出されている（前出、最高裁判決)。共同相続人の一人ひとりが取引経過開示請求権を単独で行使でき、開示要求に金融機関が応じたとしても、他の相続人との関係で守秘義務違反の問題は生じない。

5．法定相続分

（1）法定相続分

法定相続分とは、被相続人から相続分の指定がなされなかった場合に、民法の規定に従い定められる相続分をいう。被相続人が遺言等により相続人間の相続分を指定している場合には、原則として被相続人の指定した相続分に従い相続財産が分配される（ただし、遺留分を侵害する遺言がなされたような場合には、遺留分権利者は、受遺者に対し、遺留分侵害額に相当する金銭の支払いを請求することができるものとされている（遺留分侵害額請求権。民法1046条)。

しかしながら、遺言を作成せずに被相続人が死亡した場合等、相続財産の分配に関する被相続人の意思が明らかとならないときには、一定の基準に従い相続財産の分配を行う必要が生じることになる。そのため、民法は、900条および901条において、法律による相続分の指定である「法定相続分」を規定している。

法定相続分に関し、民法900条は以下の規定を設けている。

> 民法900条
> ①子および配偶者が相続人であるときは、子の相続分および配偶者の相続分は各二分の一とする。
> ②配偶者および直系尊属が相続人であるときは、配偶者の相続分は、三分の二とし、直系尊属の相続分は、三分の一とする。
> ③配偶者および兄弟姉妹が相続人であるときは、配偶者の相続分は、四分の三とし、兄弟姉妹の相続分は、四分の一とする。
> ④子、直系尊属または兄弟姉妹が数人あるときは、各自の相続分は相等しいものとする。ただし、父母の一方のみを同じくする兄弟姉妹の相続分は、父母の双方を同じくする兄弟姉妹の相続分の二分の一とする。

6．その他の相続分

（1）遺言による相続分の指定

被相続人が遺産分割の方法を遺言により指定した場合には、原則として、相続人は当該遺言内容に従った分割を行う必要がある。この点、遺産分割方法の指定は遺言により行われることになるが、相続人が遺言内容に従わず、相続人間での協議による遺産分割を希望する場合も多々存在する。このような場合には、遺言内容と異なる遺産分割協議の有効性が問題となる。

遺言は被相続人の死亡により効力を生じるが（民法985条1項）、遺言による贈与（遺贈）がなされた場合であっても、受遺者は相続開始後に当該遺贈を放棄することができる（民法986条1項）。

この点、被相続人により遺産分割方法の指定がなされた場合であっても、当事者間の合意により別途遺産分割協議が成立した場合には、遺産分割方法の指定により利益を受ける者が当該相続財産の権利を放棄し、その後に相続人間で協議に基づく分割を行ったものと評価できる。したがって、相続人全員の合意による場合には、被相続人の遺言による遺産分割方法の指定に反する遺産分割協議も有効に成立する。

ただし、被相続人が遺言執行者を指定した場合においては、遺言執行者が相続財産の管理処分権限を有するため、遺言執行者を加えたうえでの協議が必要となるものと考えられる。

（2）特別受益

特別受益に関し、民法903条および904条は以下の規定を設けている。

> 民法903条
>
> ①共同相続人中に、被相続人から、遺贈を受け、または婚姻もしくは養子縁組のためもしくは生計の資本として贈与を受けた者があるときは、被相続人が相続開始の時において有した財産の価額にその贈与の価額を加えたものを相続財産とみなし、前三条の規定により算定した相続分の中からその遺贈または贈与の価額を控除した残額を

もってその者の相続分とする。

②遺贈または贈与の価額が、相続分の価額に等しく、またはこれを超えるときは、受遺者または受贈者は、その相続分を受けることができない。

③被相続人が前二項の規定と異なった意思を表示したときは、その意思に従う。

民法904条

前条に規定する贈与の価額は、受贈者の行為によって、その目的である財産が滅失し、またはその価格の増減があったときであっても、相続開始の時においてなお原状のままであるものとみなしてこれを定める。

したがって、被相続人から遺贈を受け、又は生前に婚姻、養子縁組のため、もしくは生計の資本として贈与を受けた相続人については、既に受贈者の行為によって当該財産が滅失したり、価格に増減が生じている場合であっても、相続開始時の価値に従って当該特別受益の価格を計算し、同価格を相続財産に含めた上で各相続人の相続分を算定することになる。そして、特別受益者は、上記により計算された相続分が特別受益によって取得した価格を上回る場合でなければ、相続に際して新たな財産を取得することができない。

（3）　寄与分

相続人の中には、被相続人の生前にその財産の維持や増加に特別な貢献をしたということから、その貢献に応じた金額が相続分に加算され、他の相続人よりも多く遺産を受け取れる者がいる場合がある。この加算分を寄与分といい、貢献した相続人を寄与者という（民法904条の2）。これは、寄与分は共同相続人の実質的な公平を図るための制度であり、具体的には自腹を切って親の介護をしたり、またほとんど無給で家業の発展に尽くしたりなど他の相続人と違って被相続人のために特別に貢献し、その結果「被相続人の財産の維持または増加に特別な寄与をした」と認められる者が対象となる。

また、相続人以外の者は、従来、いくら無償で被相続人の療養看護や介護等に尽くしても、それに見合う相続財産を取得することはできなかったが、改正民法が施行され、相続人以外の親族（相続人や相続の放棄をした者、相続人の欠格事由に該当する者及び廃除された者を除く）が無償で療養看護や介護等を行った場合には、一定の要件を充足して「特別寄与者」と認められれば、相続開始後に相続人に対して、特別寄与者の寄与に応じた金銭（「特別寄与料」という）を請求することができるようになっている。

7．遺産分割

（1） 遺産分割協議、審判等

①遺産分割

相続人が複数であった場合には、相続の開始により、相続財産を原則として相続人全員が共有することになるため、個々の相続人は自由に相続財産を処分することができない。そのため、相続人間の共有状態を解消し、個別の財産・債務を個々の相続人に帰属させるための手続が必要となる。これが遺産分割である（民法906条以下）。

②遺産分割の方法

民法906条は、「遺産の分割は、遺産に属する物または権利の種類および性質、各相続人の年齢、職業、心身の状態および生活の状況その他一切の事情を考慮してこれをする」と規定し、具体的な分割方法等を当事者間の協議に委ねている（協議分割）。

ただし、被相続人が予め遺言で遺産分割の方法を定め、もしくはこれを第三者に委託していた場合、または相続開始の時から5年を超えない期間を定めて遺産の分割を禁止した場合には、相続人間の協議に先立ち被相続人の意思が優先されることになる（指定分割、民法908条）。さらに、被相続人の遺言による指定が存在せず、当事者間での協議も整わなかった場合には、相続人は家庭裁判所に遺産の分割を請求することができる（調停分割・審判分割、民法907条2項）。

また、対象物の分割方法としては、特定の相続人が個別の相続財産の権利を取得する現物分割、特定の相続人が他の相続人に相続財産以外の資産を交付し、代わりに個別の相続財産の権利を取得することになる代償分割、相続財産の全部または一部を換価し、その代金を相続人間で分割する換価分割の方法が行われている。

なお、遺産分割の開始時期については特段の定めはなく、相続人は、相続開始後いつでも遺産分割を行うことができるとされている（民法907条1項）。

（2）　遺産分割の事例

〈「相続させる」遺言があるケース〉

被相続人が、遺言書に「預金の全てをAに相続させる」と記載していた場合には、同遺言によりどのような効力が生じるか。

遺言書に「相続させる」との記載がなされていた場合に、同記載の意味をどのように解釈するかについては、最高裁平成3年4月19日判決（民集45巻4号477頁）は、特定の遺産を特定の相続人に「相続させる」趣旨の遺言は、遺言書の記載から、その趣旨が遺贈であることが明らかであるかまたは遺贈として解すべき特段の事情のない限り、当該遺産を当該相続人をして単独で相続させる遺産分割の方法が指定されたものと解すべきであると判示した。

したがって、設例の場合においても、被相続人の指定により、相続財産中の預金全ての権利がAに単独で帰属することになる。

〈訂正のある遺産分割協議書〉

遺産分割協議書の一部が訂正されている場合には、遺産分割協議は有効に成立したといえるか。

設例は、遺産分割協議書の一部が訂正されているケースである。

遺産分割協議書は、遺産分割協議における当事者間の合意を書面化したものであるため、訂正内容が当事者の意思を反映したものであれば、遺産分割協議は訂正後の内容に従って有効に成立したものと考えられる。

しかしながら、訂正のなされた遺産分割協議書に基づく払戻請求が行われた場合には、同訂正内容が協議に参加した相続人の意思を反映するものであるかを確認するため、当該訂正箇所につき相続人全員の訂正印を押印した協議書の提示を求めるのが適切である。

8．相続の承認・放棄

民法915条1項は、「相続人は、自己のために相続の開始があったことを知った時から三箇月以内に、相続について、単純もしくは限定の承認または放棄をしなければならない」と規定する。ここで、相続人に与えられる選択肢は、

（1）単純承認

（2）限定承認

（3）相続放棄

の3つということになる。

（1）単純承認

①法定単純承認

民法は、相続人が特に単純承認をするという明示的な意思表示をしなくても、以下の3つの場合には、単純承認がなされたものとみなす、という規定を置いている。これを、法定単純承認という。

ア．相続人が、相続財産の全部または一部を処分した場合（民法921条1号）

この場合、相続人の単純承認の意思が推定されるため、単純承認をしたものとみなされる。

ここでいう「処分」とは、必ずしも法律行為に限定されず、例えば家屋の取り壊し等、事実行為も含まれる。しかし、単なる保存行為や、民法602条の定める短期賃貸借契約の締結などは、本号の定める「処分」に該当しない（民法921条1号但書）。また、葬式費用に相続財産を支出した場合等、信義上やむを得ない処分行為についても、本号の定める「処分」にはあたらないとの判例がある（東京控訴院昭和11年9月21日判決、法律新聞4059号13頁）。

イ．相続人が、熟慮期間内に、限定承認も相続放棄もしなかった場合（民法921条2号）

熟慮期間とは、「自己のために相続の開始があったことを知った時から三箇月以内」（民法915条1項）の期間を意味する。この期間内に、相続人が限定承認も相続放棄もしなかった場合には、やはり当該相続人の単純承認の意思が推定され、単純承認があったものとみなされる。

なお、熟慮期間の起算点である「自己のために相続の開始があったことを知った時」とは、相続人が、相続開始の原因たる事実およびこれにより自己が法律上相続人となった事実を知った時のことをいう（大審院大正15年8月3日決定、民集5巻677頁）。ただし、判例は、相続人が相当な理由から、相続財産が全く存在しないと信じたために、熟慮期間内に限定承認または相続放棄をしなかった場合は、例外的に、相続人が相続財産の存在を認識し、または通常認識し得る時から、熟慮期間を起算するのが相当である旨判示している（最高裁昭和59年4月27日判決、民集38巻6号698頁）。

ウ．相続人が、限定承認または相続放棄をした後に、相続財産の全部または一部を隠匿したり、私にこれを消費したり、悪意でこれを財産目録中に記載しなかった場合（民法921条3号）

上記の各行為は、相続債権者等に対する背信的行為といえ、かかる行為を行った相続人を保護する必要はないため、一種の民事的制裁の観点から、法定単純承認事由とされている。

②効果

単純承認をした相続人は、無限に被相続人の権利義務を承継することになる（民法920条）。

（2）限定承認

限定承認とは、被相続人の残した債務および遺贈を、相続財産の限度で支払うことを条件として、相続を承認する相続人の意思表示による相続形態である（民法922条）。

相続により、相続人は、被相続人の資産だけでなく、債務のような「負の遺産」も承継することになる。仮に、被相続人の債務が、相続により相続人が得る資産、すなわち相続財産を超過することが明らかである場合には、相続人は相続放棄をすることにより、債務負担を免れることができる。しかしながら、被相続人が、資産も相当有するが債務も相当負っており、債務が相続財産を超過するか否かが判然としない場合もあり得る。かかる場合に、被相続人の債務を相続財産の限度で弁済し、債務を完済してなお相続財産が残っている場合には、これを相続人が相続し、相続財産を全て弁済に充ててなお債務が残っている場合には、相続人は当該債務までは負担しない、ということを可能にしたのが、限定承認という制度である。

(3) 相続の放棄

相続により相続人は、被相続人の積極財産のみならず、消極財産も全て承継することになる。そこで、被相続人が多額の債務を負っている場合等に、相続人は、熟慮期間内であれば、相続の効力を確定的に消滅させることを目的とした意思表示をなすことにより、債務の承継を免れることができる。かかる意思表示が、相続放棄である。

相続放棄とは、自己のために生じた相続の効果を全面的に拒絶するものであり、単純かつ絶対的なものでなければならない。したがって、条件・期限をつけることはできず、相続財産の一部についての相続放棄も許されない。

①手続

相続放棄をしようとする相続人は、熟慮期間内に、家庭裁判所に対して放棄の申述をしなければならない(民法938条)。限定承認と異なり、財産目録の作成は不要である。

遺留分の放棄(民法1049条)と異なり、相続放棄は相続開始後でなければこれをなすことはできない。

②効果

「相続の放棄をした者は、その相続に関しては、初めから相続人とならなかったものとみなす」(民法939条)。すなわち、相続放棄をした者は、相続開始時に遡って、相続人ではなかったものとして扱われるのである(遡及効果)。その結果、共同相続人の1人が相続放棄をした場合の相続分についても、相続放棄をした者を除いて、他の共同相続人の関係に応じて決定されることになる。

なお、相続放棄した者に関しては、代襲相続が発生することもない(民法887条2項参照)。

9．相続人の不存在

（1）相続財産法人

民法951条は、「相続人のあることが明らかでないときは、相続財産は、法人とする」旨定めている（相続財産法人）。これは、相続財産の帰属主体がなくなる場合に、相続財産が無主物となることを避け、また、後述する相続財産清算人を、相続財産法人を本人とする代理人と構成して、同人が清算手続を行うことを可能ならしめるための規定である。ここでいう、「相続人のあることが明らかでないとき」とは、文字どおり相続人の存否が不明である場合のみならず、相続人全員が死亡し、相続欠格・廃除者となり、あるいは相続放棄をするなどして、相続人が存在しないことが明らかとなったときをも含む。

（2）相続財産清算人

相続人の不存在の場合、家庭裁判所は、利害関係人または検察官の請求により、相続財産清算人を選任し、遅滞なくその旨を公告しなくてはならない（民法952条）。相続財産清算人は、相続財産法人を代表し、以下のとおり、清算手続を行うこととなる。

①相続債権者等に対する公告

相続財産清算人は、家庭裁判所の選任公告があったときは、2カ月以上の期間を定めて相続債権者および受遺者に対し、当該期間内に請求の申出をするよう公告をしなければならない（民法957条1項）。

②清算手続

上記申出期間満了後は、相続財産清算人は、相続財産の換価、相続債権者等への弁済等の清算手続を開始することになる。なお、上記清算手続については、前述した限定承認の際の手続に関する規定（民法928条から935条まで。ただし、民法932条但書は除く）が準用される（民法957条2項）。

③権利を主張する者がない場合

相続財産清算人は、上記申出期間内に相続人としての権利を主張する者がないときは、相続人ならびに相続財産の清算人に知られなかった相続債権者および受遺者は、その権利を行使することができない（民法958条）。

（3） 特別縁故者

相続人捜索期間が満了しても相続人が現れなかった場合、清算手続を経てなお残存する相続財産は、原則として国庫に帰属する（民法 959 条）。しかしながら、法律上は相続人ではないものの、被相続人と特に縁の深い者がいる場合に、かかる人々を無視することも適当ではない。

そこで、民法 958 条の 2 は、相続人捜索期間の満了後 3 カ月以内に、被相続人と生計を同じくしていた者、被相続人の療養看護に努めた者その他被相続人と特別の縁故があった者の請求があれば、家庭裁判所がこれらの者に相続財産を与えることを認める制度を定めた。分与の対象となるのは、「清算後残存すべき相続財産」である。なお、不動産の共有持分について、「共有者の一人が死亡して相続人がないときは、その持分は、他の共有者に帰属する」と定める民法 255 条との関係で、共有者の 1 人が死んで相続人が不存在の場合に、当該持分が他の共有者と特別縁故者のどちらに帰属するのか問題となるが、判例は、民法 958 条の 2（現、民法 958 条の 3）が優先的に適用されるとの見解に立ち、共有持分は特別縁故者に帰属する旨判示している（最高裁平成元年 11 月 24 日判決、民集 43 巻 10 号 1220 頁）。

10. 遺言

（1）遺言の方式

①要式行為性

遺言は、遺言者の真意を確保し、同時に後の変造・偽造を防止するために厳格な要式行為（遺言書を書く上で、厳格な形式・方式が定められていることをいい、かかる形式・方式が守られていない場合、遺言が無効とされることがある。民法 960 条）とされている。

②遺言の種類

遺言の方式には、普通方式と特別方式とがある。

普通方式が本来の遺言の方式であり、民法には、自筆証書遺言、公正証書遺言、秘密証書遺言の 3 種類が規定されている（民法 967 条）。

これに対して、特別方式は、たとえば船舶が遭難した場合において、当該船舶中にいて死亡の危急に迫った者が行うものなど、普通方式に従った遺言をする余裕のない場合に用いられるものである（民法976条ないし979条）。

以下では、普通方式による遺言のみを対象として解説する。

ア．自筆証書遺言

自筆証書遺言は、最も簡単に作成できる遺言であり、遺言者が、遺言の全文、日付および氏名を自書し、押印することで作成できる（民法968条１項）。

＜メリット＞

- 作成が簡単である。
- 遺言の存在自体を秘密にできる。

＜デメリット＞

- 紛失、偽造、変造の危険がある。
- 方式を誤ったがゆえに遺言が無効となる可能性がある。
- 文意が不明確などの理由により、効力が問題となる可能性がある。

このほか、自筆遺言証書を作成する場合には、相続財産が多ければ高齢者等にとっては相当な負担となりかねないという問題も指摘されていたが、この点については改正民法が施行されたため、不動産や金融資産などを記載する財産目録部分はパソコンでの作成や代筆、あるいは預金通帳のコピーや不動産の登記事項証明書等を目録として添付することが認められており、自筆証書遺言の方式が緩和されている。もっとも、自筆でない目録のすべてのページには、遺言者の署名と押印が必要とされる点は要注意である。

イ．公正証書遺言

公正証書遺言は、

ｉ）証人２人以上の立会いのもとで、

ii）遺言者が遺言の趣旨を公証人に口授し（口頭で伝え）、

iii）公証人が遺言者の口授を筆記し、これを遺言者および証人に読み聞かせ、または閲覧させ、

iv）遺言者および証人が、筆記の正確なことを承認したのち、各自これに署名押印する方式により作成されるものである（民法969条）。

＜メリット＞

- 遺言書は公証役場に保管されるため、偽造・変造・隠匿等のおそれがな

い。

<デメリット>

- 2人以上の証人が必要となる（よって、これらの者に遺言の内容を知られることとなる）。

ウ．秘密証書遺言

秘密証書遺言は、

ｉ）遺言者が遺言書に署名・押印したうえで、

ⅱ）遺言書を封じ、遺言書に用いたものと同一の印章により封印し、

ⅲ）公証人および証人2人以上の前に封書を提出して、それが自己の遺言書である旨ならびに筆者の氏名および住所を申述し、

ⅳ）公証人が遺言書を提出した日付および遺言者の申述を封紙に記載した後、遺言者および証人とともにこれに署名・押印する方式により作成されるものである（民法970条）。

<メリット>

- 遺言書の内容を誰にも知られることがない（公証人および証人にも知られることはない）。
- 遺言者の署名・押印があれば、本文は代筆・ワープロ・点字などで記載してもよい。

<デメリット>

- 2人以上の証人が必要となる。

（2） 遺言の検認

自筆証書遺言の場合、最初に検認手続が必要になるので自筆証書遺言をお客さまが持参された場合、検認手続を経ているかをお客さまに確認することが必要となる。

検認手続は、家庭裁判所において行う手続であるが、遺言書がどのような状態であるかを確認し、偽造や変造を防止して保存を確実にするための手続である。したがって、検認手続を経た遺言書だからといって有効というわけではない点に注意を要する。

例えば、遺言書を書いたときに、心神喪失の状態にあれば、そのような遺言は無効であるが、検認手続においてはその点を確認するわけではないので検認

手続を経た遺言書が、後で無効であったというのはあり得る。

なお、遺言書に封印がある場合は、家庭裁判所において相続人またはその代理人の立会いのもとで開封することが必要であり（民法1004条3項）、これに反すると5万円以下の過料に処せられることがある（民法1005条）ので注意を要する。但し、家庭裁判所以外の場所で開封したからといって、遺言自体が無効になるというものではない。

（3）遺言書保管法

改正相続法に併せて、「法務局における遺言書の保管等に関する法律」（以下「遺言書保管法」という）が制定された（施行は2020年7月10日）。

この制度は、自筆証書遺言を、法務局のうち法務大臣の指定する法務局（遺言書保管所）において保管する制度である。

保管の申請が可能な遺言書は、封のされていない、法務省令で定める様式に従って作成された遺言である。

遺言書保管法によれば、

- 遺言書の保管の申請は，遺言者が遺言書保管所に自ら出頭して行う
- 遺言書保管官は、申請人が本人であるかどうかの確認をする
- 保管の申請がされた遺言書については、遺言書保管官が、遺言書保管所の施設内において原本を保管するとともに、その画像情報等の遺言書に係る情報を管理する

ため、偽造・変造のおそれがない。

したがって、遺言書保管所に保管されている遺言書については，遺言書の検認（民法1004条1項）の規定は、適用されない（遺言書保管法11条）。

（4）遺言執行者

遺言の執行とは､遺言の内容を実現するために必要な行為を行うことである。遺言執行者を置くか置かないかは原則として任意であるが（遺言による認知の場合等、ある一定の場合は必要）、遺贈がある場合には遺言執行者が選任されることが多い。

これは、例えば相続人以外の者への特定遺贈がある場合、その特定遺贈を実現するには、その物を相続財産の中から探し出して、それを受遺者に引き渡す

という作業が必要となるが、相続人がその物を隠してしまえば、相続財産の中にその物があるかどうかもわからないということになってしまう。

この点、相続人と受遺者は利益相反の関係にあるため、相続人に遺言の執行をさせるのは不適当なことが多く、このような場合に遺言執行者が選任されることが多い。遺言執行者は、遺言者の指定または遺言によって指定の委託を受けた者の指定によって定まる（民法1006条1項）というのが原則であるが、利害関係人の請求によって家庭裁判所が選任することもある（民法1010条）。遺言執行者と指定された者は、当然に執行者となるのではなく、遺言執行者に就職するということを承諾してはじめて遺言執行者となる（民法1007条）。

11. 遺言・遺贈の撤回・放棄

（1）遺言の撤回

いったん有効に遺言が成立しても、遺言者は、効力発生の時（遺言者死亡の時・民法985条1項）まで、いつでも遺言の全部または一部を自由に撤回できる（民法1022条）。

撤回の方法は以下のとおりである。

①前の遺言と抵触する遺言を作成したときは、抵触する部分については、後の遺言で前の遺言を撤回したものとみなされる（民法1023条1項）。

なお、前の遺言と後の遺言の方式が異なってもよく、前の遺言が公正証書遺言により作成されていたものであっても、後に自筆証書遺言により撤回することが可能である。

②前の遺言と抵触する生前処分（贈与など）、その他の法律行為がなされたときも、抵触する部分については、前の遺言は撤回したものとみなされる（民法1023条2項）。

③遺言者が故意に遺言書を破棄したときは、破棄した部分について遺言書を撤回したものとみなされる（1024条前段）。

④遺言者が故意に遺贈の目的物を破棄したときも、破棄した部分について遺言書を撤回したものとみなされる（1024条後段）。

12. 遺留分

(1) 遺留分の算定

遺留分制度とは、相続の場合に、被相続人が（法定）相続人のためにかならず相続財産の一部を何らかの方法で保障する制度をいい、遺留分とは、一定の相続人（遺留分権利者）に法律上留保することを保障された相続財産の一部をいう。

遺留分に関し、民法1042条は以下の規定を設けている。

> 民法1042条
> 兄弟姉妹以外の相続人は、遺留分として、次条第一項に規定する遺留分を算定するための財産の価額に、次の各号に掲げる区分に応じてそれぞれ当該各号に定める割合を乗じた額を受ける。
> 一　直系尊属のみが相続人である場合　三分の一
> 二　前号に掲げる場合以外の場合　二分の一

ここで、「前号に掲げる場合以外の場合」とは、①直系卑属のみが相続人である場合、②直系卑属および配偶者が相続人である場合、③直系尊属および配偶者が相続人である場合、④配偶者および兄弟姉妹が相続人である場合、⑤配偶者のみが相続人である場合を指す。民法1042条に規定された遺留分割合は、遺留分権者全員の相続分を規定したものであるため、遺留分権者が複数存在する場合には、上記遺留分の範囲内において、各遺留分権者が各相続分に従って個別の遺留分を有することになる。

（例1）直系卑属のみが相続人である場合

3人の子A、BおよびCが相続人である場合には、A、BおよびC全体として相続財産の2分の1の遺留分を有することになり、A、BおよびCの各遺留分は2分の1×3分の1=6分の1となる。

（例2）直系尊属および配偶者が相続人である場合

配偶者A、直系尊属BおよびCが相続人である場合には、A、BおよびC全体として相続財産の2分の1の遺留分を有することになり、このうちAの遺留分は2分の1×3分の2=3分の1、BおよびCの各遺留分は2分の1

×３分の１×２分の１=12分の１となる。

（例３）配偶者および兄弟姉妹が相続人である場合

遺留分については、兄弟姉妹およびその代襲者は遺留分権者から除外されているため、配偶者のみが２分の１の遺留分を有することになる。

（例４）配偶者のみが相続人である場合

この場合には、配偶者は２分の１の遺留分を有する。

（例５）直系尊属のみが相続人である場合

直系尊属ＡおよびＢが相続人である場合には、ＡおよびＢ全体として相続財産３分の１の遺留分を有することになり、ＡおよびＢの各遺留分は３分の１×２分の１=６分の１となる。

（２）遺留分侵害額請求

旧民法において、遺留分権利者は、その遺留分を侵害する贈与または遺贈があった場合、その贈与等を受けた者に対して「遺留分減殺請求」ができるものとされてきた。そして、この請求を行った場合、遺留分を侵害する限度で失効し、その限度において、贈与等の目的となった財産についての権利が遺留分権利者に帰属するとされていた。

改正民法においてはこの取扱いを抜本的に見直し、遺留分権利者は、遺留分侵害額に相当する金銭の支払いのみを請求できることとしている。

> 民法1046条　遺留分権利者及びその承継人は、受遺者（特定財産承継遺言により財産を承継しまたは相続分の指定を受けた相続人を含む）または受贈者に対し、遺留分侵害額に相当する金銭の支払を請求することができる。

旧民法では、遺留分減殺請求を相手方に申し立てると、全ての財産が相続人たちによる共有財産状態になってしまうため、例えば、遺留分を侵害する贈与等の対象が不動産の場合、受遺者と遺留分権利者の共有状態となり、不動産の処分や利用に大きな制約を受けることとなっていた。また、遺留分権利者は、相手方に対して遺留分侵害額を金銭で支払うよう請求できず、現物で返還するか、金銭で弁償するかは相手方にしか選択肢がなかった。

そこで、改正民法は、遺留分返還方法について、遺留分減殺請求ではなく、遺留分侵害額請求権とし、遺留分を侵害された額に見合うだけの金銭を請求することをできるようにした（民法1042条から1049条）。また、相続人に対する贈与は、旧民法においては、遺留分の基礎財産に含める贈与の期間制限はなく、時期を問わず遺留分算定の基礎となる財産の価額に含めるとされていたが、改正民法では、相続開始前10年間に贈与された財産に限り、遺留分の基礎財産に含めることとしている（民法1043条）。

（3）遺留分の放棄

遺留分の放棄に関し、民法1049条は以下の規定を設けている。

> 民法1049条
> ①相続の開始前における遺留分の放棄は、家庭裁判所の許可を受けたときに限り、その効力を生ずる。
> ②共同相続人の一人のした遺留分の放棄は、他の各共同相続人の遺留分に影響を及ぼさない。

したがって、家庭裁判所の許可があれば、相続開始前であっても、遺留分権利者が自己の遺留分を放棄することは可能となる。また、相続開始後の遺留分放棄については明文の規定が存在しないが、相続開始後であっても、遺留分の放棄は認められると解釈されている。

なお、遺留分を侵害する贈与または遺贈がなされていたとしても、遺留分権利者からの遺留分侵害額請求がなければ当該贈与または遺贈の効力が削減されないことは前述のとおりであり、相続開始後において、遺留分権利者が明確な遺留分放棄の意思表示をしていない場合であっても、当該遺留分権利者が遺留分侵害額請求を行わなければ、遺留分の放棄と同様の効力が生じることになる。

13. 個人情報保護上の留意点

（1）戸籍の情報（戸籍全部事項証明書、戸籍謄本、除籍謄本、法定相続情報一覧図）は個人情報

個人情報保護法にいう「個人情報」とは、「生存する個人に関する情報であって、当該情報に含まれる氏名、生年月日その他の記述等により特定の個人を識別することができるもの（他の情報と容易に照合することができ、それにより特定の個人を識別することができることとなるものを含む。）」であると定義されており（個人情報保護法２条１項）、相続手続において、お客さまから戸籍全部事項証明書、戸籍謄本、除籍謄本、法定相続情報一覧図等を取り受けた場合、それは個人情報保護法にいう個人情報に該当する。

（2）機微（センシティブ）情報

個人情報保護法には、「個人情報」の中で特に取得、取扱いに注意をする情報として「機微（センシティブ）情報」という概念は設けられていないが、金融分野における個人情報保護に関するガイドラインはその５条１項で、銀行等を対象に機微（センシティブ）情報に関する規定を設けている。

それによると、金融分野における個人情報取扱事業者は、本籍地等の機微（センシティブ）情報の取得、利用または第三者提供は原則として禁止されており、例外として、「相続手続による権利義務の移転等の遂行に必要な限りにおいて、機微（センシティブ）情報を取得・利用または第三者提供する場合」（同ガイドライン５条１項６号）には、機微（センシティブ）情報の取得等を認めている。

（3）要配慮個人情報

「要配慮個人情報」とは、「本人の人種、信条、社会的身分、病歴、犯罪の経歴、犯罪により害を被った事実その他本人に対する不当な差別、偏見その他の不利益が生じないようにその取扱いに特に配慮を要するものとして政令で定める記述等が含まれる個人情報」をいい（法２条３項）、施行令２条において、その具体的な基準が列挙されている。これは、15年改正法における新概念で

あるが、従来も個人情報保護条例や各主務官庁策定に係るガイドライン等で機微（センシティブ）情報と位置付けられ、慎重な取扱いが求められていた個人情報を法にも明記したものである。要配慮個人情報の取得については、原則として本人の同意を得ることが義務化されている（法17条2項)。

（4）戸籍全部事項証明書、戸籍謄本、除籍謄本、法定相続情報一覧図等の取扱上の注意

銀行等が、相続手続においてお客さまから戸籍全部事項証明書、戸籍謄本、除籍謄本、法定相続情報一覧図等を徴求した場合、そこには機微（センシティブ）情報である「本籍地」が記されているので、戸籍全部事項証明書、戸籍謄本、除籍謄本、法定相続情報一覧図等は、機微（センシティブ）情報に該当する。

したがって、お客さまから戸籍全部事項証明書、戸籍謄本、除籍謄本、法定相続情報一覧図等を取り受けた場合、その情報を相続手続以外の業務に使用することは厳禁である。

例えば、預金口座開設の際には、本人確認資料が必要であるが、相続人の預金口座開設の際の本人確認資料に流用する等の行為は行ってはならない。また、相続手続上の必要性があって写し（コピー）をする場合であっても、それが機微（センシティブ）情報に該当することを十分に留意した上で特に慎重な対応が必要であり、念のためにコピーしておく等といった対応をすべきではない。

（5）遺産分割協議書

金融機関は、相続人から遺産分割協議書を取得することによって、相続人の住所、氏名等の情報の他、どの相続人がどのような財産を取得したか等の情報を得ることになる。

これらの情報は、個人情報保護法上の「個人情報」に該当し、個人情報保護法にそって取得、管理、利用しなくてはならない。

金融機関が個人のお客さまから個人情報を取得する場合には、あらかじめ利用目的を特定して、それを公表しておく必要がある(個人情報保護法15条、18条1項)。

しかし、遺産分割協議書によって取得した個人情報については、お客さまと金融機関の間では、被相続人の相続手続に必要な範囲にのみ利用するべきものであり、お客さまも通常は、他の目的に利用されることに同意はしていないも

のと考えるべきである。

　したがって、たとえあらかじめ公表された利用目的の中に「金融サービスのセールスのため」という目的があったとしても、遺産分割協議書によって取得した個人情報に基づいてセールスをする等ということはすべきではない。

第１章の出題

※出題・解説は原則、出題当時の内容で掲載されています。

※回号表示については２頁の注意書きをご参照下さい。

第1問

（第81回）

相続に関する次の記述のうち、誤っているものを１つ選びなさい。

⑴　遺言がある場合には、原則として遺言に従って被相続人の財産の帰属が決定され、これを遺言相続といい、法定相続より優先して扱われる。

⑵　配偶者には、被相続人の遺言によっても奪い得ない相続分が認められている。

⑶　相続人が複数いる場合、共同相続人全員または、その一部によって遺産をどのように分割するかを決することができる。

解答：P.55

第2問

（第78回）

相続の開始および失踪に関する次の記述のうち、正しいものを１つ選びなさい。

⑴　Ａに妻Ｂと子Ｃがいる場合、ＡとＣが同時に死亡すると、ＡとＣそれぞれにつき、相続人を確定する必要があり、ＡはＣを相続せず、またＣもＡを相続しない。

⑵　普通失踪において、死亡が擬制されるのは、家庭裁判所が失踪の宣告をしたときである。

⑶　普通失踪の場合も特別失踪の場合もともに、失踪者が生存することまたは失踪宣告による擬制死亡と異なるときに死亡したことが確認された場合は、戸籍を管理する市町村長は職権により失踪宣告を取り消すこととなる。

解答：P.55

第3問　（第81回）

相続人の範囲に関する次の記述のうち、誤っているものを１つ選びなさい。

⑴　胎児は、相続については既に生まれたものとみなされるが、死体で生まれた場合には相続人とはならない。

⑵　被相続人の子は第１順位の相続人となるが、ここでいう「子」には、血縁関係のある「実親子関係」にある子だけではなく、「法定親子関係」にある養子も含まれる。

⑶　代襲相続により相続人となる直系卑属の法定相続分は、その直系尊属が受けるべきであった法定相続分の２分の１である。

解答：P.55

第4問　（第78回）

法定相続人に関する次の記述のうち、誤っているものを１つ選びなさい。

⑴　被相続人の配偶者は常に相続人となる。

⑵　兄弟姉妹については、代襲相続が認められているが、再代襲相続は認められていない。

⑶　次の図のような親族関係において、被相続人Ａが2022年４月１日に死亡した場合、被相続人Ａの法定相続人はＸとＥとなる。

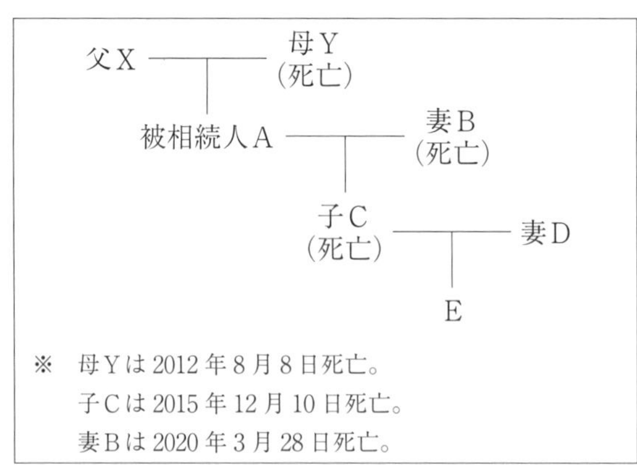

解答：P.56

第5問

（第77回）

代襲相続に関する次の記述のうち、正しいものを１つ選びなさい。

⑴　被相続人Ａ（2021年10月１日死亡）の相続について、第一順位の相続人であるＡの子Ｂが相続放棄をした場合、Ｂの子ＣはＢを代襲して相続人となる。

⑵　被相続人Ａ（2021年10月１日死亡）の相続について、Ａの兄弟姉妹が相続人になるケースで、Ａの実姉Ｂが2018年３月３日に死亡、Ｂの子Ｃが2019年５月５日に死亡しているときには、そのＣの子ＤがＣを再代襲して相続人となる。

⑶　被相続人Ａの子Ｂが廃除によって相続権を失ったときは、Ｂの子Ｃが代襲してＡの相続人となる。

解答：P.56

第6問

（第75回）

特別寄与分に関する次の記述のうち、誤っているものを１つ選びなさい。

⑴　相続人でなくても、被相続人に対して無償で療養看護その他の労務の提供をした被相続人の親族は特別寄与者となりうる。

⑵　特別寄与料の支払いについて、協議がまとまらない場合には、特別寄与者は、家庭裁判所に対して協議に代わる処分を請求することができる。

⑶　特別寄与者がいる場合、遺産分割協議は特別寄与者を含めて行わなければならない。

解答：P.56

第7問

（第80回）

相続放棄・相続欠格と廃除に関する次の記述のうち、正しいものを１つ選びなさい。

⑴　相続放棄は、条件・期限をつけることはできず、相続財産の一部についての相続放棄は許されていない。

(2)　相続欠格は、相続人が一定の非行を行った場合に、家庭裁判所が審判または調停により相続権を剥奪する制度である。

(3)　廃除とは、被相続人に対する虐待ないし重大な侮辱、またはその他の著しい非行のある場合、相続権が当然に剥奪される制度をいう。

解答：P.57

第8問　（第81回）

次の記述のうち、民法上の相続財産とされるものを1つ選びなさい。

(1)　被相続人が契約し、被相続人を被保険者とする保険契約であって、相続人を受取人とする生命保険金請求権。

(2)　被相続人が管理していた先祖から引き継いでいる墓。

(3)　被相続人が自己の名義で保有していた個人向け国債。

解答：P.57

第9問　（第77回）

被相続人Aの相続人は子B、C、Dである。Aの相続財産は、銀行預金3,000万円であり、その他として保険契約者・被保険者をA、死亡保険金の受取人をBとする生命保険金（1,500万円）がある。Aの死亡によりB、C、Dそれぞれが取得する財産として、最も適切な組合せのものを1つ選びなさい。

(1)　B　1,000万円　　C　1,000万円　　D　1,000万円

(2)　B　1,500万円　　C　1,500万円　　D　1,500万円

(3)　B　2,500万円　　C　1,000万円　　D　1,000万円

解答：P.58

第10問　（第81回）

相続分に関する次の記述のうち、誤っているものを1つ選びなさい。

(1)　被相続人の配偶者は常に相続人となるが、その法定相続分の割合は他の同順位の相続人の順位により変化する。

(2)　兄弟姉妹である相続人は、遺留分として相続財産の価額に２分の１の割合を乗じた額を受け取ることができる。

(3)　相続分の指定は遺言によって行う必要があるため、被相続人が生前に遺言の形式によらず相続分を指定することはできない。

解答：P.58

第11問　（第 77 回）

適正に手続がされた遺言と遺産分割に関する次の記述のうち、誤っているものを１つ選びなさい。

(1)　死亡したＡの遺言書には、ある預金について、妻Ｂに「相続させる」と記載してあった。この場合、原則として、Ａの相続財産中、Ａの指定した預金の権利がＢに単独で承継されることになる。

(2)　遺産分割において共同相続人の中に、被相続人から生計の資本として贈与を受けた者がある場合、その贈与の価格は、贈与を受けた時点を基準として計算する。

(3)　相続財産に被相続人が負担していた金銭債務がある場合、遺産分割によっても債権者の利益を侵害することができないため、金銭債務は相続開始と同時に共同相続人にその相続分に応じて当然分割承継されるものであり、遺産分割によって特定の相続人が相続できるものではない。

解答：P.58

第12問　（第 78 回）

特別寄与者に関する次の記述のうち、誤っているものを１つ選びなさい。

(1)　被相続人に対して無償で療養看護その他の労務の提供をしたことにより被相続人の財産の維持または増加について特別の寄与をした被相続人の親族（相続人、相続の放棄をした者および相続人の欠格事由に該当し、または廃除によってその相続権を失った者を除く）は、相続開始後、相続人に対し、寄与に応じた額の金銭の支払いを請求することができる。

(2)　相続人が複数ある場合は、各相続人は、特別寄与料の額に法定相続分または遺言による相続分の指定により算定した当該相続人の相続分を乗じた額を負担するとされている。

(3) 特別寄与者が特別寄与料の支払請求をした場合において、その特別寄与料の支払いについて協議が調わないときは、特別寄与者は、いつでも家庭裁判所に対して協議に代わる処分を請求することができる。

解答：P.59

第13問 （第 80 回）

遺産分割協議に関する次の記述のうち、正しいものを１つ選びなさい。

(1) 遺産分割協議には、法定相続人全員が参加する必要があるが、「財産の３分の１を遺贈する」という遺贈を受けた包括受遺者の参加は必要ではない。

(2) 遺言執行者がいる場合は、遺言の内容と異なる遺産分割協議をすることはできない。

(3) 夫であるＡが死亡して、被相続人が、その妻Ｂと、未成年の子ＣおよびＤである場合、Ｂは、ＣとＤの親権者であっても、Ｂのみで遺産分割協議をすることはできない。

解答：P.60

第14問 （第 81 回）

限定承認・相続放棄に関する次の記述のうち、誤っているものを１つ選びなさい。

(1) 限定承認するには、相続人が複数いる場合、相続人全員が共同して裁判所に申述しなければならない。

(2) 相続の放棄とは、その旨を家庭裁判所に申述することによって、その相続に関して初めから相続人でなかったものとされ、その子などに代襲相続される。

(3) 相続財産の清算人は、相続人が不存在のときだけでなく、存在することが明らかでないときであっても選任される。

解答：P.60

第15問

（第 78 回）

単純承認に関する次の記述のうち、誤っているものを１つ選びなさい。

(1)　相続人は、相続の発生から３カ月以内に、相続について、単純もしくは限定の承認または放棄をしなければならない。

(2)　相続人は、単純承認をしたときは、無限に被相続人の権利義務を承継する。

(3)　相続人が、相続財産の一部である被相続人名義の預金を払戻して、私的に消費した場合は、その相続人は相続放棄することができない。

解答：P.60

第16問

（第 78 回）

限定承認に関する次の記述のうち、正しいものを１つ選びなさい。

(1)　相続人が複数あるときは、共同相続人は、それぞれに単純承認か限定承認か、あるいは相続放棄を選択することができる。

(2)　限定承認は、相続人が家庭裁判所に対して、限定承認する旨を申述する必要があり、相続人の話し合いによる遺産分割協議で行うことはできない。

(3)　限定承認とは、相続人が、自己の財産と相続によって得た財産の限度においてのみ、被相続人の債務および遺贈を弁済すべきことを留保して、相続の承認をするものである。

解答：P.60

第17問

（第 75 回）

相続放棄に関する次の記述のうち、正しいものを１つ選びなさい。

(1)　相続放棄をした者は、家庭裁判所に放棄を申述したときから、その相続に関して相続人でなくなる。

(2)　相続人が複数人いるときは、相続放棄は、共同相続人の全員が共同して、熟慮期間内に家庭裁判所に対して放棄の申述を行わなければならない。

(3)　相続放棄の効果は絶対効であって、相続放棄をすると、登記等の対抗要件を備えなくても、何人に対してもその効力を主張することができる。

解答：P.61

第18問 （第 81 回）

相続の承認・欠格・廃除・相続人の不存在に関する次の記述のうち、正しいものを 1 つ選びなさい。

⑴ 相続人は、自己のために相続の開始があったことを知ったときから 10 カ月以内に、限定承認または相続放棄しない場合、単純承認をしたものとみなされる。

⑵ 相続人に相続欠格または廃除が生じた場合、その相続人は相続の開始から相続人でなかったものとみなされるため、その相続人について代襲相続は生じない。

⑶ 相続財産の清算人を選任したとき、家庭裁判所は、相続人があるならば一定の期間にその権利を主張すべき旨を公告し、相続財産の清算人は、すべての相続債権者および受遺者に対し、2 カ月以上の期間を定めて、期間内にその請求の申出をすべき旨を公告しなければならない。

解答：P.61

第19問 （第 77 回）

特別縁故者に関する次の記述のうち、誤っているものを 1 つ選びなさい。

⑴ 相続においては、内縁関係にある者には相続権は認められていない。

⑵ 内縁関係にある者への相続財産の分与は、その者の請求による家庭裁判所の審判事項であり、法定相続人がいる場合でも法律上認められるものである。

⑶ 内縁関係にある者との間に生まれた子どもは、認知されていれば、婚姻関係にある配偶者との間の子と同じ権利を有した相続人として扱われる。

解答：P.61

第20問

（第 80 回）

遺言の方式に関する次の記述のうち、誤っているものを１つ選びなさい。

⑴　危急時遺言等の特別な方式による遺言は、遺言者が普通の方式によって遺言をすることができるようになったときから６カ月間生存した場合はその効力を生じない。

⑵　自筆証書遺言は、遺言者が全文、日付および氏名を自書し、これに印を押さなければならないが、身体の衰弱がはなはだしいため筆を持つ手を介添えしてもらった場合､介添えがあくまで遺言者が文字を書くためのものであり、遺言の内容に介添え人の意思が介入した形跡なく、遺言者の真意が曲げられたものでない場合に限り有効となる余地がある。

⑶　在外邦人においては、公正証書または秘密証書によって遺言をすることができない。

解答：P.62

第21問

（模擬問題）

自筆証書遺言に関する次の記述のうち、誤っているものを１つ選びなさい。

⑴　自筆証書遺言は、遺言者が、その全文（相続財産の全部または一部の目録を除く）、日付および氏名を自書し、印を押さなければならず、変更を行った場合には、遺言者が、その場所を指示し、変更した旨を付記して特にこれに署名し、かつ、その変更の場所に印を押さなければ、その効力を生じない。

⑵　自筆証書遺言については、遺言の作成方法が法定の書式にあわず無効となる可能性があることから、遺言の有効性の確認を受けるために遺言の検認を受ける必要があるが、遺言保管所に保管されている遺言については、法務局にて事前に遺言が有効であることが確認されているため、その確認のための遺言の検認の規定は適用されない。

⑶　自筆証書遺言であっても、財産の特定に関する事項については、自書することを要しないが、この場合において、遺言者は、その目録の毎葉（ページ）に署名し、印を押さなければならない。

解答：P.62

第22問　（模擬問題）

自筆証書遺言の見方に関する次の記述のうち、誤っているものを１つ選びなさい。

⑴　遺言書の検認は、遺言の方式に関する一切の事実を調査して遺言書の状態を確定しその現状を明確にするものであって、遺言書自体の実体上の効果を判断するものではない。

⑵　自筆証書遺言には、必ずしも遺言書とタイトルを書く必要はないが、複数の者が共同して遺言することはできない。また、作成日を「令和５年の私の誕生日」と記載しても、無効となる。

⑶　自筆証書遺言に記載する氏名は、必ずしも本名ではなく、通称、雅号、芸名であっても、住所から遺言者である者が特定できれば問題はない。また、実印ではなく三文判で押印した遺言も有効となる。

解答：P.63

第23問　（模擬問題）

公正証書遺言に関する次の記述のうち、正しいものを１つ選びなさい。

⑴　公正証書によって遺言をするには、証人２人以上の立会いと公証人の関与が必要になる。このとき、遺言者の３親等内の親族、未成年者、推定相続人及び受遺者並びにこれらの配偶者は、遺言の証人になることができない。

⑵　令和４年３月19日付の公正証書遺言に記載されている遺言内容と、令和５年３月19日付の自筆証書遺言において記載されている遺言内容に矛盾がある場合、作成方法が明確である公正証書遺言の内容が常に遺言の内容とされる。

⑶　公正証書遺言の内容であっても、遺言であるため、遺言の効力発生時まで、いつでも遺言の全部または一部を、遺言の方式に従って自由に撤回することができる。

解答：P.63

第24問
（模擬問題）

公正証書遺言の見方に関する次の記述のうち、正しいものを１つ選びなさい。

⑴　公正証書遺言を作成する際には、公証役場に手数料を支払う必要があるが、この手数料は財産額にかかわらず一律 11,000 円とされている。

⑵　公正証書遺言の正本は、原本に基づいて作成されたものであって、原本は公証役場に保管されている。

⑶　公正証書遺言においては、遺言の内容そのものでない事項を記載することはできず、財産の承継に関する事項のみが記載されている。

解答：P.63

第25問
（第 78 回）

秘密証書遺言に関する次の記述のうち、誤っているものを１つ選びなさい。

⑴　遺言者は、その証書に署名し、印を押さなければならない。

⑵　公正証書にて作成しなければならない。

⑶　遺言者は、公証人および証人２人以上の前に封書を提出して、それが自己の遺言書である旨ならびに遺言者の氏名および住所を申述しなければならない。

解答：P.64

第26問
（第 81 回）

遺言書保管制度に関する次の記述のうち、正しいものを１つ選びなさい。

⑴　遺言書保管所に保管されている遺言書については、遺言書の検認の規定は適用されない。

⑵　遺言書保管所に保管されている遺言書は、相続開始前であっても、遺言者および推定相続人等が原本の閲覧をすることができる。

⑶　遺言者が亡くなった後に相続人等は、遺言書証明情報の交付請求をすることができ、遺言書は相続人等に返却される。

解答：P.64

第27問

（第 81 回）

遺言執行者に関する次の記述のうち、誤っているものを１つ選びなさい。

⑴　遺言者は、遺言で遺言執行者の指定を第三者に委託することができる。

⑵　遺言執行者として、複数の者を指定することはできない。

⑶　遺言執行者がある場合には、相続人は、相続財産の処分その他遺言の執行を妨げる行為をすることができない。

解答：P.64

第28問

（第 78 回）

公正証書遺言等の変更に関する次の記述のうち、誤っているものを１つ選びなさい。

⑴　遺言者が生存している間は、遺言者はいつでも遺言の方式に従ってその遺言の一部または全部を撤回できる。

⑵　遺言者が前の遺言と抵触する遺言を作成したときは、抵触する部分については、後の遺言によって前の遺言を撤回したものとみなされる。

⑶　前の遺言が公正証書遺言である場合、それを撤回するには公正証書遺言で遺言することを要する。

解答：P.65

第29問

（第 77 回）

遺言の撤回等に関する次の記述のうち、誤っているものを１つ選びなさい。

⑴　前の遺言が後の遺言と内容が抵触する場合は、その抵触する部分においては後の遺言の内容が優先される。

⑵　撤回された遺言は、その撤回の行為が、新しい遺言において撤回され、取り消され、又は効力を生じなくなるに至ったときであっても、原則その効力を回復しない。

⑶　遺言者は、一定の方式に則って、いつでもその遺言を撤回する権利を放棄することができる。

解答：P.65

第30問

（第 80 回）

遺留分に関する次の記述のうち、最も適切なものを１つ選びなさい。

⑴　被相続人Ｘの法定相続人が直系尊属Ａと配偶者Ｂである場合、配偶者Ｂの遺留分は被相続人の相続財産の４分の１である。

⑵　遺留分算定の基礎となる財産については、原則として、第三者に対してなされた贈与は相続開始前の１年間のものに限りその価額を算入し、相続人に対してなされた贈与は相続開始前の 20 年間になされた特別受益に該当するものを含めるものとされている。

⑶　遺留分は、兄弟姉妹を除く法定相続人に認められるものであるが、相続欠格・廃除・放棄があった場合には相続権を失うため認められない。

解答：P.65

第31問

（第 74 回）

遺留分の放棄および相続放棄に関する次の記述のうち、誤っているものを１つ選びなさい。

⑴　被相続人Ａ（2020 年 12 月 18 日死亡）の相続について、共同相続人Ｂ、Ｃ、Ｄの間で調った 2021 年１月 10 日付遺産分割協議書において、「Ｂは相続を放棄する」旨の記載がある場合、事実上の相続放棄であるから、被相続人の金銭債務に関して、Ｂは、債権者に対しその負担を負うことはない。

⑵　被相続人Ａの法定相続人全員が民法第 938 条の相続放棄をしたときには、相続財産の全部の包括受遺者がいる場合を除き、相続人が存在しない状態となるため、相続財産は法人としたうえで、相続財産管理人を選任することになる。

⑶　遺留分の放棄は、相続開始の前後にかかわらず行うことができるが、相続開始前に遺留分の放棄をする場合は、家庭裁判所の許可を受けたときに限りその効力が生じる。

解答：P.66

第32問　(第81回)

戸籍に基づく相続人の確認に関する次の記述のうち、誤っているものを１つ選びなさい。

⑴　戸籍内において、死亡などの事由により不要になることを「除籍する」という。

⑵　相続人の範囲を確定させるには、被相続人の最後の戸籍を確認して、従前の戸籍があればその戸籍を取得して、出生からの戸籍を連続させることが必要となる。

⑶　被相続人と同じ戸籍に子がある場合は、除籍されていない子についてのみ確認すれば、相続人の範囲は確定する。

解答：P.66

第33問　(模擬問題)

配偶者居住権に関する次の記述のうち、誤っているものを１つ選びなさい。

⑴　配偶者居住権とは、配偶者が相続開始時に被相続人が所有する建物に居住していた場合に、終身または一定期間、その建物を無償で使用することができる権利である。

⑵　配偶者居住権は、遺産分割における選択肢の一つとして配偶者に権利取得させることができるが、被相続人の遺言では権利取得させることはできない。

⑶　配偶者短期居住権には、登記等による対抗要件制度の適用はない。

解答：P.66

第１章の解答・解説

※過去問題の民法の条文等は掲載当時のものです。

【第１問】

正　解：(3)　　**正答率：63.2%**

(1)　遺言相続は、遺産分割協議により変更されることはあるが、法定相続には優先する。よって、正しい。

(2)　配偶者には、遺留分が認められている（民法1042条以下)。よって、正しい。

(3)　共同相続人全員による場合のみ遺産分割協議をすることができる。「一部によって」が誤りである。よって、誤り。

【第２問】

正　解：(1)　　**正答率：76.3%**

(1)　設問は、親と子が同時に死亡したケースである。親と子のそれぞれの死亡により、それぞれについて相続が開始する（民法882条)。したがって、AとCの相続人を確定する必要があるが、死亡の先後が不明の場合には、同時に死亡したと推定することとしている（民法32条の2)。したがって、AはCを相続せず、CもAを相続しない。よって、正しい。

(2)　生死が不明となって７年の期間満了時に死亡したものとみなされる（民法31条)。よって、誤り。

(3)　失踪者が生存することまたは失踪宣告による擬制死亡と異なるときに死亡したことが証明された場合、利害関係者の請求により家庭裁判所は失踪宣告を取り消すこととなる。よって、誤り。

【第３問】

正　解：(3)　　**正答率：88.2%**

(1)　胎児は､相続については既に生まれたものとみなす（民法886条１項）が、胎児が死体で生まれた場合は、前項の規定は適用されない（同条２項)。よって、正しい。

(2)　被相続人の子は、相続人となる（民法887条１項)。また、民法809条は、

「養子は、縁組の日から、養親の嫡出子の身分を取得する」と規定しており、民法887条1項にいう「子」には養子を含む。よって、正しい。

(3) 代襲相続により相続人となる直系卑属の法定相続分は、その直系尊属が受けるべきであったものと同じである(民法901条1項第1文)。よって、誤り。

【第4問】

正　解：(3)　　**正答率：52.5%**

(1) 被相続人の配偶者は常に相続人となる（民法890条)。よって、正しい。

(2) 兄弟姉妹については、再代襲相続は認められていない。よって、正しい。

(3) 被相続人の子Cの子Eがいる場合は、Eが代襲相続人となり、Xは法定相続人にはならない。よって、誤り。

【第5問】

正　解：(3)　　**正答率：54.7%**

(1) 子が相続放棄をした場合、孫は子を代襲相続しない(民法939条)。よって、誤り。

(2) 兄弟姉妹の再代襲相続について、民法889条2項は、民法887条2項（子の代襲相続）を準用しながら、民法887条3項（子の再代襲相続）を準用していない。したがって、甥、姪の子は、再代襲相続しない。よって、誤り。

(3) 廃除の効果は一身専属的である。廃除が生じても代襲相続される（民法887条2項)。よって、正しい。

【第6問】

正　解：(3)　　**正答率：56.6%**

(1) 相続人であれば通常の寄与分のルールが適用されるため、相続人は特別寄与者とはならない。民法1050条第1項は、「被相続人に対して無償で療養看護その他の労務の提供をしたことにより被相続人の財産の維持又は増加について特別の寄与をした被相続人の親族（相続人、相続の放棄をした者及び第891条の規定に該当し又は廃除によってその相続権を失った者を除く。以下この条において「特別寄与者」という。）は、相続の開始後、相続人に対し、特別寄与者の寄与に応じた額の金銭（以下この条において「特別寄与料」という。）の支払を請求することができる」と定めている。よって、正しい。

⑵　前項（民法 1050 条第１項（⑴参照））の規定による特別寄与料の支払について、当事者間に協議が調わないとき、または協議をすることができないときは、特別寄与者は、家庭裁判所に対して協議に代わる処分を請求することができる。ただし、特別寄与者が相続の開始及び相続人を知った時から６カ月を経過したとき、または相続開始の時から１年を経過したときは、この限りでない（民法 1050 条第２項）。よって、正しい。

⑶　遺産分割協議は相続人のみで行い、相続人でない特別寄与者は、相続人に対する特別寄与料の請求権のみを有する。よって、誤り。

【第７問】

正　解：⑴　　　　正答率：62.9%

⑴　記述のとおり（民法 939 条参照）。よって、正しい。

⑵　相続欠格は、法律上当然に相続権が剥奪される（民法 891 条）。よって、誤り。

⑶　廃除は、家庭裁判所が審判または調停により相続権を剥奪する制度である（民法 892 条以下）。よって、誤り。

【第８問】

正　解：⑶　　　　正答率：79.5%

⑴　生命保険金請求権については、同請求権発生当時の受取人としてある個人を特定した場合、同請求権は、保険契約の効力発生と同時に個人の固有財産となり、被保険者の遺産より離脱しているものとみなされる。よって、相続財産とはされない。

⑵　系譜、祭具及び墳墓の所有権は、民法 896 条（相続の一般的効力）の規定にかかわらず、慣習に従って祖先の祭祀を主宰すべき者が承継する。ただし、被相続人の指定に従って祖先の祭祀を主宰すべき者があるときは、その者が承継する（民法 897 条）とされている。よって、相続財産とはされない。

⑶　個人向け国債は単なる債権ではなく、遺産分割の対象となる相続財産である（最三判平成 26 年２月 25 日）。よって、⑶が本問の正解。

【第9問】

正　解：(3)　　　　**正答率：82.6%**

設例は、法定相続人のうちの一人のみが生命保険金の受取人に指定されており、被相続人の財産は預金のみがあるケースである。この場合には、Aの有していた預金3,000万円のみが相続財産となり、B、C、Dはそれぞれ1,000万円の請求権を相続する。Bはこれに加えて生命保険金1,500万円を取得する。これは相続として取得するのではなく、B固有の財産権である。よって、B、C、Dそれぞれが取得する財産はB 2,500万円、C 1,000万円、D 1,000万円である。よって、(3)が本問の正解。

【第10問】

正　解：(2)　　　　**正答率：67.4%**

(1)　被相続人の配偶者は常に相続人となる（民法890条）。その法定相続分の割合は他の同順位の相続人の順位により変化する（民法900条）。よって、正しい。

(2)　兄弟姉妹に遺留分は存在しない（民法1042条1項本文）。よって、誤り。

(3)　被相続人は、前二条※の規定にかかわらず、遺言で、共同相続人の相続分を定め、又はこれを定めることを第三者に委託することができる（民法902条1項）。被相続人が、共同相続人中の一人若しくは数人の相続分のみを定め、又はこれを第三者に定めさせたときは、他の共同相続人の相続分は、前二条※の規定により定める（民法902条2項）。よって、正しい。

※民法900条：法定相続分、同法901条：代襲相続人の相続分

【第11問】

正　解：(2)　　　　**正答率：20.5%**

(1)　判例は、「相続させる」趣旨の遺言について、「特定の遺産を特定の相続人に『相続させる』趣旨の遺言があった場合には、特段の事情のない限り、何らの行為を要せずして、当該遺産は、被相続人の死亡の時に直ちに相続により承継される」(最判平成3年4月19日、民集45巻4号477頁）と判示する。よって、正しい。

(2)　民法904条は、「前条（特別受益）に掲げる贈与の価格は、受贈者の行為

によって、その目的たる財産が滅失し、又はその価格の増減があったときでも、相続開始の当時なお原状のままで在るものとみなしてこれを定める」旨を規定しており、生前に贈与された財産は、相続開始のときを基準として評価される。よって、誤り。

(3)　東京高裁昭和37年4月13日決定。最終的な債務の承継人が確定する（債務引受契約の締結または返済）までは、法定相続人が法定相続割合で分割された分の債務をそれぞれ負担している。よって、正しい。

【第12問】

正　解：(3)　　**正答率：40.9%**

(1)　被相続人に対して無償で療養看護その他の労務の提供をしたことにより被相続人の財産の維持又は増加について特別の寄与をした被相続人の親族（相続人、相続の放棄をした者及び第891条の規定に該当し又は廃除によってその相続権を失った者を除く。以下この条において「特別寄与者」という）は、相続の開始後、相続人に対し、特別寄与者の寄与に応じた額の金銭（以下この条において「特別寄与料」という）の支払を請求することができる。（民法1050条1項）。よって、正しい。

(2)　相続人が複数ある場合は、各相続人は、特別寄与料の額に第900条から第902条までの規定により算定した当該相続人の相続分を乗じた額を負担する（民法1050条5項）。よって、正しい。

(3)　前項（民法1050条第1項（(1)参照））の規定による特別寄与料の支払について、当事者間に協議が調わないとき、または協議をすることができないときは、特別寄与者は、家庭裁判所に対して協議に代わる処分を請求することができる。ただし、特別寄与者が相続の開始および相続人を知った時から6カ月を経過したとき、または相続開始の時から1年を経過したときは、この限りでない（民法1050条第2項）とされ、期間制限がある。よって、誤り。

なお、一方で、相続人による寄与分の請求については、遺産分割の内容になるため、遺産分割が成立すればもはや請求することはできなくなるが、期間制限は設けられていない。

【第13問】

正　解：⑶　**正答率：65.3%**

⑴ 「包括受遺者は、相続人と同一の権利義務を有する」（民法990条）とされているため、遺産分割協議への参加が必要である。よって、誤り。

⑵ 遺言執行者の同意を得る等の方法により、遺言の内容と異なる遺産分割協議をすることは可能である。よって、誤り。

⑶ ＢとＣ、ＢとＤ、ＣとＤの間に利益相反が発生し、特別代理人の選任を要する（民法826条）。よって、正しい。

【第14問】

正　解：⑵　**正答率：80.2%**

⑴ 記述のとおり（民法923条、924条参照）。よって、正しい。

⑵ 相続の放棄がされると、最初から相続人でなかったものとされ、代襲もされない。よって、誤り。

⑶ 記述のとおり（民法951条、952条参照）。よって、正しい。

【第15問】

正　解：⑴　**正答率：48.1%**

⑴ いわゆる「熟慮期間」は、「自己のために相続の開始があったことを知った時から三箇月以内」であり（民法915条1項）、相続の発生からではない。よって、誤り。

⑵ 相続人は、単純承認をしたときは、無限に被相続人の権利義務を承継する（民法920条）。よって、正しい。

⑶ 法定単純承認事由（民法921条1号、3号）である。よって、正しい。

【第16問】

正　解：⑵　**正答率：46.6%**

⑴ 相続人が数人あるときは、限定承認は、共同相続人の全員が共同してのみこれをすることができる（民法923条）。よって、誤り。

⑵ 限定承認の方式は、家庭裁判所に対する申述である（民法924条）。よって、正しい。

⑶　限定承認は、「相続によって得た財産の限度においてのみ被相続人の債務及び遺贈を弁済すべきことを留保して、相続の承認をする」というもの（民法922条）であり、相続人の自己の財産にまで追及されることはない。よって、誤り。

【第17問】

正　解：⑶　　　　　　　　　　　　　　　　　　　　正答率：44.6%

⑴　相続開始の時に遡って相続人でなくなる(民法939条参照)。よって、誤り。

⑵　相続の放棄は、相続人は単独ですることができる（民法938条参照)。よって、誤り。

⑶　相続放棄の効果は絶対効であって、相続放棄をした者は、登記等の対抗要件を備えずとも、何人に対してもその効力を主張することができる。よって、正しい。

【第18問】

正　解：⑶　　　　　　　　　　　　　　　　　　　　正答率：58.7%

⑴　相続の開始があったことを知ったときから３カ月以内である（民法915条1項、921条２号)。よって、誤り。

⑵　相続放棄と異なり、代襲相続は生じる（民法887条２項)。よって、誤り。

⑶　民法957条１項のとおり。よって、正しい。

【第19問】

正　解：⑵　　　　　　　　　　　　　　　　　　　　正答率：63.4%

⑴　内縁配偶者の存在は戸籍の記載からは明らかでなく、相続権を認めれば、相続債権者等の第三者の取引の安全を害するおそれがあるため、判例では一貫して内縁関係にある配偶者の相続権は否定されている。よって、正しい。

⑵　被相続人に相続人がいない場合、被相続人と生計を同じくしていた者、被相続人の療養看護に努めた者その他被相続人と特別の縁故があった者の請求があった場合、家庭裁判所は相当と認めるときはこれらの者に対して清算後残存すべき遺産の全部または一部を承継させることができる。設問のように法定相続人がいる場合には認められない。よって、誤り。

(3) 最大決平成25年9月4日を受けて、民法改正がなされ、嫡出子と非嫡出子の法定相続分は等しくなった（民法900条4号）。よって、正しい。

【第20問】

正　解：(3) **正答率：79.0%**

(1) 民法983条のとおり。よって、正しい。

(2) 大審院昭和6年7月10日判決により有効とされている。また、最高裁判所昭和62年10月8日判決が有効性の要件を定めている。よって、正しい。

(3) 日本の領事が駐在する地では、公証人の職務は領事が行う（民法984条）ので、在外邦人であっても、公正証書または秘密証書により遺言をすることがでる。よって、誤り。

【第21問】

正　解：(2) **（模擬問題）**

(1) 自筆証書遺言によって遺言をするには、遺言者が、その全文、日付及び氏名を自書し、これに印を押さなければならない（民法968条3項）。自筆証書（目録を含む）中の加除その他の変更は、遺言者が、その場所を指示し、これを変更した旨を付記して特にこれに署名し、かつ、その変更の場所に印を押さなければ、その効力を生じない（民法968条3項）。よって、正しい。

(2) 遺言保管所にて保管されている遺言については、偽造・変造のおそれがないことから検認が不要とされており、そもそも遺言の検認も、その有効性を確認するためのものではない。よって、誤り。

(3) 自筆証書にこれと一体のものとして相続財産（第997条1項に規定する場合における同項に規定する権利を含む）の全文又は一部の目録を添付する場合には、その目録については、自書することを要しない。この場合において、遺言者は、その目録の毎葉（自書に因らない記載がその両面にある場合にあっては、その両面）に署名し、印を押さなければならない（民法997条2項）。よって、正しい。

【第22問】

正　解：(2)　**(模擬問題)**

(1)　遺言書の検認は、家庭裁判所において行う手続であるが、遺言書がどのような状態であるかを確認し、偽造や変造を防止して保存を確実にするための手続である。したがって、検認手続を経た遺言書だからといって有効というわけではない点に注意を要する。よって、正しい。

(2)　私の誕生日などの記載は日付の特定ができるので、遺言は無効とはならない。よって、誤り。

(3)　民法968条は、自筆証書遺言には「印を押さなければならない」と規定するが、使用すべき印章には何の制限も設けておらず、三文判であろうと実印であろうと印が押されていれば足り、自筆証書遺言としての要件は備えていることとなる。よって、正しい。

【第23問】

正　解：(3)　**(模擬問題)**

(1)　公正証書遺言の作成にあたっては、証人２人以上の立会いと公証人の関与が必要になる。未成年者、推定相続人、受遺者、その配偶者や直系血族は遺言の証人になることはできないが、遺言者の兄弟姉妹や甥や姪などの３親等内の親族は証人になることができる（民法974条）。よって、誤り。

(2)　複数の遺言に記載された遺言内容に矛盾がある場合、作成された前後により判断され、遺言の方法は関係ない。よって、誤り。

(3)　いったん有効に遺言が成立しても、遺言者は、効力発生の時（遺言者死亡の時・民法985条１項）まで、いつでも遺言の全部または一部を自由に撤回できる（民法1022条）。よって、正しい。

【第24問】

正　解：(2)　**(模擬問題)**

(1)　公正証書遺言を作成する際には、公証役場に手数料を支払う必要があるが、この手数料は政令により、遺言する財産の金額・価値によって定められている。よって、誤り。

(2)　公正証書遺言の正本は、原本に基づいて作成されたものであり、公正証書の場合は、原本は公証役場に保管されており、正本は公証人法47条以下の規定により作成される。よって、正しい。

(3) 公正証書遺言には本旨外事項として、遺言の内容そのものでない事項を記載することができる。よって、誤り。

【第25問】

正　解：(2)　　**正答率：79.2%**

(1)(3) 秘密証書遺言は、①遺言者が遺言書に署名・押印したうえで、②遺言書を封じ、遺言書に用いたものと同一の印章により封印し、③公証人および証人２人以上の前に封書を提出して、それが自己の遺言書である旨ならびに筆者（遺言者）の氏名および住所を申述し、④公証人が遺言書を提出した日付および遺言者の申述を封紙に記載した後、遺言者および証人とともにこれに署名・押印する方式により作成されるものである（民法970条)。よって、正しい。

(2) 公証人の前で封緘する必要はあるが、公正証書で作成するわけではない。よって、誤り。

【第26問】

正　解：(1)　　**正答率：77.8%**

(1) 遺言書保管所に保管されている遺言書については、遺言書の検認（民法1004条１項）の規定は、適用されない（法務局における遺言書の保管等に関する法律11条)。よって、正しい。

(2) 相続開始前に遺言書保管所に保管されている遺言書を閲覧できるのは、遺言者のみである。よって、誤り。

(3) 相続開始後、遺言書は返還されない。相続人等は遺言書証明情報により相続手続きをすることができる。よって、誤り。

【第27問】

正　解：(2)　　**正答率：78.5%**

(1) 民法1006条１項のとおり。よって、正しい。

(2) 遺言執行者として数人を指定することができる（民法1006条１項)。よって、誤り。

⑶　民法1013条1項のとおり。よって、正しい。

【第28問】

正　解：⑶　**正答率：86.4%**

⑴　遺言者は、効力発生のとき（遺言者死亡のとき・民法985条1項）まで、いつでも遺言の一部または全部を自由に撤回できる(民法1022条)。よって、正しい。

⑵　民法1023条1項参照。また、前の遺言と抵触する生前処分（贈与など）、その他の法律行為がなされたときも、抵触する部分については、後の遺言によって前の遺言を撤回したものとみなされる（民法1023条2項)。よって、正しい。

⑶　遺言の方式に関係なく、前の遺言を撤回することができる。よって、誤り。

【第29問】

正　解：⑶　**正答率：60.6%**

⑴　前の遺言が後の遺言と抵触するときは、その抵触する部分については、後の遺言で前の遺言を撤回したものとみなすとの民法の規定による（民法1023条1項)。よって、正しい。

⑵　前の遺言を撤回する旨の遺言があり、さらにその（撤回する旨の）遺言を撤回する旨のより新しい遺言がある場合には、最初の遺言は復活しない（民法1025条参照)。ただし、その撤回の行為が錯誤、詐欺または強迫による場合は適用されない。よって、正しい。

⑶　遺言者は、その遺言を撤回する権利を放棄することができない（民法1026条参照)。よって、誤り。

【第30問】

正　解：⑶　**正答率：82.7%**

⑴　配偶者と直系尊属の場合、配偶者の遺留分は3分の1となる（民法1042条参照)。よって、不適切。

⑵　相続人に対する生前贈与の場合、原則10年前の日になされた特別受益に

該当するものを含めるものとされている（民法1044条）。よって、不適切。

(3) 記述のとおり（民法886条1項、民法1044条参照）。よって、最も適切である。

【第31問】

正　解：(1)　　**正答率：38.4%**

(1) いわゆる事実上の相続放棄であるから、法律上の相続人の地位には変更なく、債務の放棄をしようとしてもその合意は債権者を拘束しない。よって、誤り。

(2) 「相続人が存在しない」とは、もともと法定相続人がいない場合だけでなく、法定相続人が全員相続を放棄した場合も含まれる。しかし、相続財産の全部の包括受遺者がいるときには相続人が存在しない場合にはあたらない（最判平9.9.12）。よって、正しい。

(3) 相続の開始前における遺留分の放棄は、家庭裁判所の許可を受けたときに限り、その効力を生ずる（民法1049条）。よって、正しい。

【第32問】

正　解：(3)　　**正答率：97.9%**

(1)(2) 記述のとおり。よって、正しい。

(3) 被相続人と同じ戸籍に子がある場合、その原因を確認して、「死亡」以外の場合は、子の新戸籍を確認する必要がある。よって、誤り。

【第33問】

正　解：(2)　　**（模擬問題）**

(2) 配偶者居住権は、遺産分割における選択肢の一つとして、被相続人の遺言等により、配偶者に権利取得させることができるものである。よって、誤り。

第2章

相続と税務

第２章　学習の手引

テーマ	80 回	81 回
１．相続税の課税対象となる財産・ならない財産	○	○
２．相続財産から控除される財産	○	○
３．相続税の申告・納付	○	○
４．贈与税の課税対象となる財産・ならない財産	○	○
５．贈与税の申告・納付	○	○
６．財産評価	○	○

１．相続税の課税対象となる財産・ならない財産

相続税の課税対象となる本来の相続財産、みなし相続財産、生命保険金等の課税対象とならない財産について学習する。本分野からは、毎回２問程度出題されており、それぞれの財産の特徴、どの財産が課税対象となるのか、ならないのかなどについて、しっかりと押さえておきたいところである。

２．相続財産から控除される財産

相続財産から控除される債務、葬式費用、相続税の計算方法と相続税が高くなるケース、安くなるケースについて学習する。本分野からは、毎回２～４問出題されるため、相続税の課税価格の算出や、相続税計算の過程などについてもきちんと理解しておく必要がある。

３．相続税の申告・納付

相続税の申告期限、納付、延納、物納について学習する。本分野からは、毎回出題されているため、納付期限、延納の仕組み、物納できる相続財産についても学習しておきたい。

４．贈与税の課税対象となる財産・ならない財産

贈与税のかかる財産にはどんなものが含まれるのか、贈与税のかからない財

産とは何なのか、贈与税の計算過程について学習する。本分野からは、毎回３～４問出題される。また、相続時精算課税制度や配偶者への居住用財産の贈与制度についても毎回出題されているので、その内容をしっかりと理解しておいてほしい。

５．贈与税の申告・納付

贈与税の申告、納付、贈与税非課税措置について学習する。本分野からは、毎回出題されており、一通り理解しておきたい。

６．財産評価

土地の評価、建物の評価、預貯金や有価証券の評価について学習する。本分野からは、毎回２～３問程度出題されており、それぞれの評価の仕方、土地であれば路線価方式と倍率方式の特徴や、建物の評価方法などについて、しっかりと理解しておく必要がある。また、配偶者居住権の評価について、ここのところ出題はないものの、軽視は禁物である。

１．相続税の課税対象となる財産・ならない財産

（１） 相続税の課税対象となる財産

①本来の相続財産

相続税は、相続や遺贈によってもらった「財産」にかかる税金である。

では、相続税のかかる「財産」とは、どのようなものをいうのだろうか。

それは、被相続人が、亡くなった日に持っていた金銭で見積もることのできるすべての財産、これが、相続税のかかる財産といえる。

すなわち、相続税のかかる財産のポイントは、亡くなった日に、被相続人が持っていたすべての財産、金銭で見積もることのできる財産、この２つである。

相続税がかかる財産の代表的なものとして、土地・借地権・建物・現預金・株式がある。これらの財産は、当然に相続税がかかるものとして、本来の相続財産といわれている。

②みなし相続財産

被相続人が亡くなった日に持っていた財産は、本来の相続財産として相続税がかかる。

しかし、被相続人が亡くなった日に持っていなかった財産であっても、被相続人の死亡によって、相続人が被相続人でない者から財産をもらうケースがある。

この場合、実質的には、相続によって財産をもらったのと同じ効果になる。これを放っておくと、課税の公平を図ることができなくなるので、被相続人でない者からもらった財産を、相続や遺贈によってもらったものとみなして、相続税をかけることにしている。

これを、本来の相続財産に対して、みなし相続財産という。

みなし相続財産の代表的なものとして、生命保険金、死亡退職金の２つがある。

なお、その財産をもらった人が、死亡した人の相続人であるときは、相続によってもらったものとみなされ、また、その財産をもらった人が、死亡した人の相続人でないときは、遺贈によってもらったものとみなされる。

③相続開始前３年以内の贈与財産（備考参照）

相続や遺贈によって財産をもらった人が、亡くなる日前３年以内に、その相続にかかる被相続人から、財産をもらったことがある場合には、その贈与によってもらった財産を、相続財産に加えて、相続税を計算することになっている。

すなわち、相続開始前３年以内にもらった財産に相続税がかかる、ということである。

生前にもらった財産は、亡くなった日においては、被相続人の財産ではない。本来であれば、相続税はかからないはずである。

しかし、相続開始前３年以内にもらった財産には、相続税がかかる。これは、被相続人があとわずかな命というときに、相続税を少しでも安くしようということで、亡くなる間際にあらかじめ相続人に財産を分ける、このような行為を抑えることをねらってのことである。

相続開始前３年以内にもらった財産は、本来の相続財産ではなく、また、みなし相続財産でもない。

しかし、相続税を計算する場合には相続財産に加えるというものである。

したがって、生前の贈与が、取り消されるものはではない。贈与そのものは、そのままである。あくまでも、相続税を計算するときに、相続財産に加えるというものである。

なお、相続開始前３年以内に贈与を受けた財産に、相続税がかかるのは、相続や遺贈によって財産をもらった人がいる場合である。

相続開始前３年以内の贈与として、相続財産に加える場合の金額は、生前に贈与を受けたときの価額による。相続や遺贈を受けたときの価額ではないことに留意が必要である。

（備考）　暦年課税における相続開始前贈与の加算期間等の見直し

令和５年度税制改正により、相続開始前に贈与があった場合の相続税の課税価格への加算期間が現行の３年から７年に延長された。今回の改正により延長された期間に受けた贈与については、財産の価額の合計額から総額100万円を控除した残額を相続税の課税価格に加算することとなる。

本改正は、2024年１月１日以後に贈与により取得する財産に係る相続税について適用される。相続前贈与の加算期間は、３年後の2027年１月１

日から順次延長される。

（例）

① 2026年8月1日死亡の場合、死亡前3年以内の2023年8月1日からの3年間が加算期間となる。

② 2028年1月1日死亡の場合、経過措置期間として、死亡前3年以内の2025年1月1日からの3年間と2024年1月1日からの1年が延長され、4年間が加算期間となる。

③ 2031年8月1日死亡の場合、完全移行となり、死亡前3年以内の2028年1月1日からの3年間と2024年8月1日からの4年が延長され、7年間が加算期間となる。

また、被相続人の配偶者が相続開始前3年以内に、被相続人から贈与によって居住用財産をもらっている場合で、その財産について贈与税の配偶者控除を受けているときは、贈与税の配偶者控除を受けた部分については、相続財産に加えなくてよいことになっている。

すなわち、贈与税の配偶者控除を受けた部分については、相続財産に加えない、ということである。

④特別寄与料

民法改正により、被相続人に対して無償で療養看護その他の労務の提供をした親族は、被相続人の財産が維持または増加した場合に限り、特別寄与料を請求することができるようになったが、特別寄与料の額が決定すると、特別寄与料を被相続人から遺贈によって取得したものとみなして相続税が課税される。

（2） 相続税の課税対象とならない財産

前述したように相続や遺贈によってもらったすべての財産に、相続税がかかる。

しかし、相続や遺贈によってもらった財産のなかには、その財産の性質、国民感情、社会政策的な側面などから、相続税をかけるのは適当ではないものがある。そこで、このような財産については、相続税をかけないこととされており、このような財産を非課税財産という。

非課税財産の主なものは、次のとおりである。

①墓等

墓には、祖先崇拝の慣習を踏まえて相続税がかからない。また、墓のほかに、仏壇・神棚・位牌・神具などにも、相続税がかからない。ただし、仏像などを商品や骨とう品として持っていた場合には、相続税がかかることになる。

②生命保険金

被相続人の死亡によって、被相続人が保険料を支払っていた生命保険金を、相続人がもらった場合には、その生命保険金は、相続財産とみなされ、相続税がかかる。

しかし、もらった生命保険金について、まるまる相続税がかかるというのでは、生命保険の目的からいっても、適当ではない。

そこで、相続税がかかる生命保険金のうち、相続人がもらった生命保険金で、一定の金額までについては、相続税がかからないことになっている。

一定の金額が、非課税となるのである。

非課税となる一定の金額は、500万円×修正法定相続人の数となる。

修正法定相続人とは、法定相続人のなかに養子がたくさんいる場合には、法定相続人の数を修正することになる(注)。

(注)　修正法定相続人:相続税法上、養子の数には制限が設けられており、この修正に対応した相続人のことをいう。

1）実子がいる場合 → 1人まで → 法定相続人「の数」に算入することができる。

2）実子がいない場合 → 2人まで → 法定相続人「の数」に算入することができる。

③死亡退職金

被相続人の死亡によって、死亡退職金を相続人がもらった場合には、その死亡退職金は、相続財産とみなされ、相続税がかかる。

しかし、もらった死亡退職金についてまるまる相続税がかかるというのでは、後の相続人の生活資金を考えれば適当ではない。

そこで、相続税がかかる死亡退職金のうち、相続人がもらった死亡退職金で一定の金額までについては、相続税がかからないことになっている。非課税となる一定の金額は、500万円×修正法定相続人の数である。

すなわち、修正法定相続人１人につき、500万円である。相続税がかかる金額の計算のしかたは、生命保険金と全く同じである。

④弔慰金

被相続人が亡くなって、相続人が会社からもらった退職金は、みなし相続財産となり相続税がかかる。

ところで、被相続人の死亡のときには、退職金のほかに弔慰金とか花輪代とか、いろいろな名義でたくさんの人から、お金や品物をもらうのが一般的である。

弔慰金や花輪代などは、遺族に弔慰を表わすものとして、世間一般の慣例となっているものである。

このようなものまで、みなし相続財産としているわけではない。みなし相続財産として相続税がかかるのは、死亡退職金だけである。

弔慰金や花輪代は、その金額が、常識的なものであれば、相続税がかからない。すなわち、非課税となる。ところが、常識的な金額というのはどれくらいなのか、なかなか難しいものであろう。

そこで、相続税の取扱いでは形式的な基準を設けて、この基準以内の金額は弔慰金として相続税をかけない、この基準を超えた金額は死亡退職金とみなして相続税をかける、としている。

形式的な基準では、つぎの金額を弔慰金として相続税をかけない。

1） 業務上の死亡の場合……死亡時の普通給与の３年分

2） その他の死亡の場合……死亡時の普通給与の６カ月分

例えば、200万円の給与をもらっていた人が亡くなって、2,000万円の弔慰金をもらった場合に、その人が業務上の死亡でないとすると、弔慰金として相続税がかからない金額、200万円×６カ月分＝1,200万円。死亡退職金とみなされて相続税がかかる金額、2,000万円－1,200万円＝800万円となる。

⑤国等へ寄付した財産

相続や遺贈によってもらった財産には、当然、相続税がかかる。

しかし、その財産をもらった人が、国や地方公共団体、特定の公益法人に寄付した場合には、その寄付した財産については、相続税がかからない。

これは、所得税や法人税においても公益性を考えて、特定の寄付金を認めていることと同じように、相続税の場合も特定の公益法人へ相続財産を寄付した場合には、その寄付した財産には相続税がかからないことになっているわけである。

この非課税の特例を受けるためには、いろいろな要件がある。

主なものは、つぎのとおりである。

ア．相続税の申告期限まで（被相続人が亡くなった日から10カ月以内）に寄付すること。

イ．相続や遺贈によってもらった財産そのものを寄付すること……もらった財産を売って、その代金を寄付した場合には、相続税がかかる。

ウ．すでに、設立されている特定の公益法人への寄付であること……特定の公益法人を設立するための寄付は、相続税がかかる。

エ．寄付を受けた特定の公益法人が、寄付をした日から２年以内に、寄付を受けた財産を、公益事業に使っていること。

オ．その寄付によって、寄付した人やその親族の税金が、不当に安くならないこと……寄付を受けた特定の公益法人の役員が、寄付した人やその親族を中心に組織されていたり、特定の公益法人のもっている資産を、寄付した人やその親族に安く貸していたりしている場合には、相続税がかかる。

２．相続財産から控除される財産

（１） 債務控除

被相続人は、財産だけを残して亡くなるとは限らない。

被相続人が生前に借入金をして、全部返さないうちに、亡くなってしまうこともあるだろう。この場合の借入金も、相続人が引き継ぐことになる。

被相続人が残した借入金や未払税金などは、マイナスの要素だから、相続財産から差引くことになる。

これを、債務控除という。

債務控除として、相続財産からマイナスされるのは、被相続人の債務で、亡くなったとき存在していて、支払うことが確実なもの、であればどのようなものでもかまわない。

（2） 葬式費用

被相続人にかかる葬式費用も、相続財産からマイナスすることができる。すなわち、債務控除をすることができる。葬式費用は、被相続人の債務ではない。しかし、人が亡くなった場合には、葬式は必ず行われるところから、葬式費用は、被相続人の相続財産からマイナスすべき性格のものである。

そこで、相続税を計算するときに、債務控除することができることになっている。

相続税の取扱いでは、マイナスできる葬式費用になるものと、葬式費用にならないものとに区分している。

これをまとめると、つぎのとおりである。

①葬式費用になるもの

ア．葬式（仮葬式・本葬式）に要した費用

イ．火葬、納骨、遺骨の回送などに要した費用

ウ．そのほか通常葬式に伴う費用

エ．死体の捜索または死体、遺骨の運搬に要した費用

お寺へのお布施、戒名料などのように、領収書がないものであっても、葬式費用として債務控除することができる。

②葬式費用にならないもの

ア．香典返しの費用

イ．墓地、墓碑の買入費用または墓地の借入料

ウ．初七日その他法事に要した費用

エ．死体解剖に要した費用

（3） 相続税の計算

相続税の計算は、相続や遺贈によって財産をもらった人ごとに、

もらった財産の合計額 －非課税財産の合計額 －債務控除の合計額
相続税がかかる金額

を計算して、その金額に税率をかける、というものではない。相続税の計算の仕組みは、つぎのように３段階になっている。

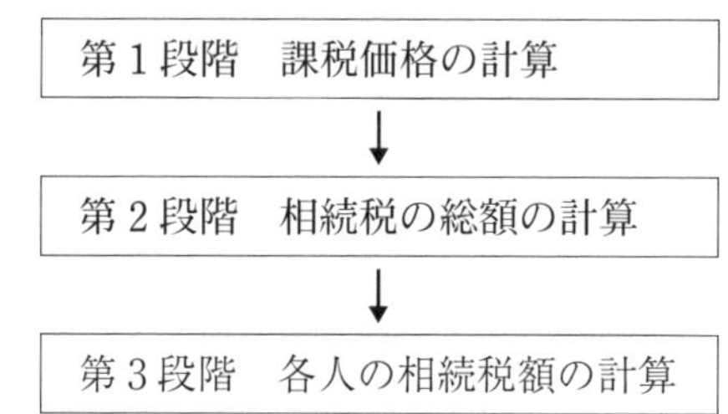

以上のように段階を踏みながら、体系的に積上げ計算をして、各人が納めるべき相続税額をはじき出すのである。

①課税価格

課税価格というのは、相続税がかかる金額をいう。

課税価格は相続や遺贈によって、財産をもらった人ごとに図表２－１のように計算する。

図表２—１　課税価格の算出

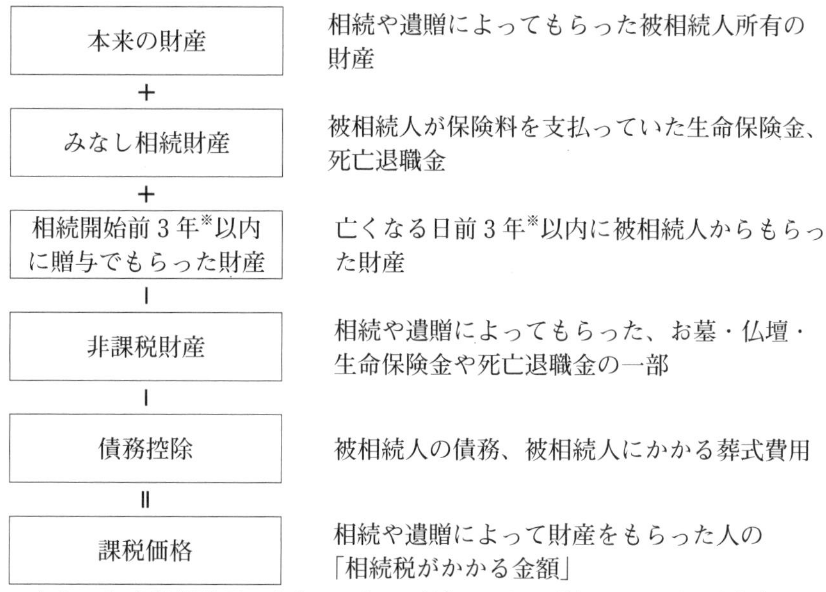

※令和５年度税制改正により、７年に延長された。詳細は71頁の備考参照。

課税価格を計算するうえで、土地や建物や株式などをいくらで評価するかは大変難しい。

そこで、相続税の取扱いでは、こういうものを評価する場合の基準を設けている。この評価基準によって計算されたものが、相続税評価額といわれるものである。

すなわち、土地・建物・株式などについては、被相続人が亡くなったときの、相続税評価額で課税価格を計算することになる。

②相続税の総額

ア．まず、各人ごとの課税価格の合計額を計算する。

イ．そして、その合計額から基礎控除額をマイナスして、課税遺産総額を計算する。これが、実際に、相続税がかかる金額ということになる。

基礎控除額は、

3,000万円 ＋（600万円×修正法定相続人の数）

である。

ウ．つぎに、もし、修正法定相続人が、法定相続分どおりに財産をもらったと仮定した場合の金額を計算する。ということは、課税遺産総額に法定相続分をかけて金額を計算することになる。

これは、実際に被相続人の財産が、どのように分けられていようと、まったく関係なく、あくまでも、仮定の計算である。

エ．さらに、この仮定計算をした金額に対応する一定の税率をかけて、それぞれの税額を計算する。これは、仮定の税額である。

オ．最後に、この仮定の税額を合計する。この合計した金額が、相続税の総額となる。

ということは、相続税の総額は、課税価格、修正法定相続人の数、さえわかれば、すぐに、計算できることになるのである。

図表２―２　相続税の速算表

（単位：万円）

仮定計算の金額	税率	控除額	仮定計算の金額	税率	控除額
以下 1,000	% 10	―	超 以下 10,000〜20,000	% 40	1,700
超 以下 1,000〜3,000	% 15	50	超 以下 20,000〜30,000	% 45	2,700
超 以下 3,000〜5,000	% 20	200	超 以下 30,000〜60,000	% 50	4,200
超 以下 5,000〜10,000	% 30	700	超 60,000	% 55	7,200

③相続人ごとの相続税

相続税の総額は、誰が、いくら相続したかには関係なく、法定相続人が法定相続分どおりに財産をもらったと仮定して計算した。それから、最後の第３段階の各人の相続税額の計算に入る。各人ごとの相続税額は、相続税の総額を、各人が、実際にもらった財産の割合によって按分して計算する。

相続税の総額　×　もらった財産の割合　＝　各人の相続税額

もらった財産の割合は、

その人の課税価格　÷　課税価格の合計額

で計算する。

しかし、こうして計算された相続税額が、その人の納めなければならない実際の相続税額にはならないケースがある。

それは、財産をもらった人が、どのような人かによって違ってくるケースがあるからである。

違ってくるケースには、税額が高くなるケース１つ、税額が安くなるケース６つがある。

④相続税が高くなるケース

これまでの段階で、１人ごとの相続税額が計算されたが、なかには、実際に納める相続税額がそれよりも高くなる人もある。

すなわち、税額が加算されるケースである。それは、相続や遺贈によって財産をもらった人が、配偶者でない、被相続人の１親等の血族でない場合である。

例外として、子が被相続人よりも前に亡くなっていた場合の代襲相続の孫には、税額の加算はない。

しかし、例えば、

ア．兄弟姉妹が、相続や遺贈によって財産をもらったとき

イ．代襲相続人でない孫が、遺贈によって財産をもらったとき

ウ．被相続人の養子となっている孫が、相続によって財産をもらったとき

エ．まったくの第三者が、遺贈によって財産をもらったとき

には、税額の加算がある。

税額の加算は、ここまでの段階で計算された金額の20%である。

例えば、被相続人の兄が、遺贈によって財産をもらって、第3段階の相続税額が、100万円だとした場合、20万円（100万円×20%）が、加算され、兄が納めなければならない相続税額は、120万円（100万円+20万円）となる。

⑤配偶者の相続税の軽減

1人ごとの相続税額からマイナスして、実際に納める相続税額が安くなるケースには6つある。これが税額控除である。

そのなかで、代表的なものが、配偶者の税額を安くする取扱いである。

これは、配偶者の財産形成への貢献、配偶者の生活保障、配偶者の死亡時に相続税をかけるということで、設けられた特例である。この特例は、配偶者の婚姻期間に制限がなく、たとえ、婚姻期間が1日であっても、この特例を受けることができる（もちろん、婚姻の届出が必要）。

配偶者の税額を安くする特例の公式は、

課税価格の合計額×配偶者の法定相続分または1億6,000万円のうち、いずれか多い方の金額である。配偶者が、この金額までの相続財産をもらった場合には、相続税は全くかからない。しかし、もし、この金額を超えて相続財産をもらった場合には、この金額を超えた部分に対応する相続税を支払うということである。

⑥相続税が安くなるケース

6つの税額控除のうち、配偶者の税額控除については説明したが、残りの5つは以下のとおりである。

ア．贈与税額控除、イ．未成年者控除、ウ．障害者控除、エ．相次相続控除、

オ．外国税額控除

3．相続税の申告・納付

（1） 申告と申告期限

申告書を提出しなければならない人は、相続や遺贈によって財産をもらった人で、納めなければならない相続税額がある人である。

たとえ、相続や遺贈によって財産をもらっても、相続税額がない人は申告する必要がない。

すなわち、課税価格の合計額が、基礎控除額以下であれば、申告する必要はない。また、基礎控除額を超えていても、税額控除をしたら納めなければならない税額がゼロになれば、やはり申告する必要はなくなる。

しかし、配偶者の税額控除の特例だけは、申告しないと認められない。したがって、この特例を受けるためには、たとえ納めなければならない相続税額がゼロとなっても、申告書を提出しなければならない。

相続税の申告は、被相続人が亡くなったことを知った日の翌日から10カ月以内にしなければならない。相続税申告書の提出は、被相続人の亡くなったときにおける住所地を所轄する税務署に対して行う。相続人の住所地には関係がない。

また申告書は、相続人の数だけ提出する必要はなく、申告書は1部だけ提出すればよいことになっている。

申告書は、相続人が連名で申告できるように作られているので、普通は、各相続人が共同して申告書を作って、被相続人の住所地の所轄税務署に提出する。

（2） 納付

相続税は、現金で、納期限までに全額納めるのが原則である。納期限は、申告書の提出期限と同じである。すなわち、相続税は、申告期限内に、現金で納めなければならない。また、相続税を納める場所は、金融機関や税務署である。もし、納期限までに納めないと、延滞税がかけられる。延滞税は、2カ月遅れまでは年7.3%（注1）、それを超えると年14.6%（注2）の割合でかかってくる。

（注1）「特別措置」（年7.3%が限度）

「延滞税特例基準割合」（下記参照）＋年１％

※24年1月1日から12月31日までの1年間は、年2.4%

（注２）「特別措置」（年14.6%が限度）

「延滞税特例基準割合」（下記参照）＋年7.3%

※24年1月1日から12月31日までの1年間は、年8.7%

（3） 延納

先に述べたように相続税は､現金で納期限までに全額納めるのが原則である。

しかし、現金や預金だけをもらった相続人であれば、もらった中から納めればよいが、土地や建物だけをもらった場合には、その土地や建物を売って、現金に替えないと納めることができない。そこで、一定の要件のもとに、年賦延納という形で、相続税を分割して納める方法がある。一定の要件とは、以下のとおりである。

ア．納めなければならない相続税額が10万円を超えていること

イ．現金で納めることが困難であること

ウ．担保を提供すること

エ．申告期限までに延納申請書を提出すること

延納できる期間は、原則として、5年以内であるが、相続財産のなかに不動産等がたくさんある場合には、10年や最高20年までの延納が認められる。延納をすれば、もちろん、利子税がかかり、利子税の割合は、年6％、年5.4%、年4.8%、年3.6%と、不動産等の占める割合によって4段階に分かれている。

なお、各分納期間の「利子税特例基準割合*」が7.3%に満たない場合、利子税の割合は、

$$（その利子税の割合）\times\frac{（利子税特例基準割合）}{7.3\%}$$

と、軽減される。

*「利子税特例基準割合」は、各分納期間の開始の日の属する年の、次の割合をいう。

・各年の前々年の9月から前年8月までの各月における金融機関の新規の短期貸出約定平均金利の合計を12で除して得た割合として各年の前年の11月30日までに財務大臣が告示する割合（「平均貸付割合」という）に、年0.5%の割合を加算した割合

例えば、「利子税特例基準割合」が、年0.9％とすれば、利子税の割合は、それぞれ次のように軽減される。

年6.0％→年0.7％、年5.4％→年0.6％、
年4.8％→年0.5％、年3.6％→年0.4％。

また、「延滞税特例基準割合」とは、

・「平均貸付割合」に、年１％を加算した割合

となる。

（４）　物納

相続税を納期限までに現金で納めることができず、延納が厳しいとなれば、さらにもう１つの特例として、物納という制度がある。

これは、文字どおり現金ではなくモノで、納期限までに全額納めるというものである。

物納するときには、納期限までに物納申請書を提出して、税務署の許可を受けなければならない。

物納ができる財産は、相続財産のうち、

ア．国債、地方債

イ．不動産、船舶

ウ．社債、株式、証券投資信託の受益証券、貸付信託の受益証券

エ．動産

オ．特定登録美術品

に限られている。

４．贈与税の課税対象となる財産・ならない財産

（１）　贈与税の課税対象となる財産

贈与税のかかる財産とは、贈与契約によってもらった財産で、金銭で見積もることのできるものをいう。

これを、贈与税においては、本来の贈与財産という。

ところで、贈与によってもらった財産でなくても、実質的には贈与によって

財産をもらったものと同じ効果になる場合もある。この場合には、課税の公平を図るため、贈与によってもらったものとみなして、贈与税をかけることにしている。

これを、本来の贈与財産に対して、みなし贈与財産という。

みなし贈与財産の主なものは、つぎのとおりである。

①安く土地を買った場合

例えば、長男が父親から、時価（相続税評価額）1,000 万円の土地を 400 万円で買った場合、これは売買だから、本来は贈与税の問題は出てこない。

しかし、このように時価よりも安く土地を売買するケースは、よく親族間で行われる。通常、第三者との間で土地を売買する場合には、安く売ってあげよう、という考えは出てこない。親族間であればこそ、このようなことが出てくるのである。

時価（相続税評価額）1,000 万円の土地を 400 万円で買ったわけだから、長男は 600 万円得したことになる。

これを放っておくと､時価で売買した人との課税上の公平を欠くことになる。そこで、売買であっても時価よりも安い売買があった場合には、安く買った人に安く買った部分について贈与税をかけることになっている。これがみなし贈与課税である。

したがって、長男については、時価（相続税評価額）1,000 万円と買った金額 400 万円との差額 600 万円を父親から贈与を受けたとみなされて、贈与税がかかる。

ここで時価とは、一般的に、第三者との間で取引される時価をいう。しかし、贈与税を計算するときの評価は、相続税評価額によることになっている。このように時価よりも安い土地（借地権）・建物の売買があった場合には、時価で評価をして贈与税を計算する。

すなわち、土地・建物の安い価格での個人間の売買については、相続税評価額で贈与税を計算する、ということである。

②負担付贈与を受けた場合

例えば､長男が父親から､時価 1,000 万円､相続税評価額 400 万円のマンションを､借入金 400 万円をつけてもらうようなケースを考えてみよう。すなわち､借入金つきで資産の贈与を受けるということである。これが、負担付贈与、といわれるものである。負担付贈与があった場合には、「もらった人にもらった資産の金額－引き継いだ借入金の金額の差額について贈与税をかける」ことになっている。

もらった資産が不動産の場合には、もらった資産の金額は、時価1,000万円で計算する。先にも述べたように、本来、贈与税を計算するときの評価は、相続税評価額によることになっているが、このような不動産の負担付贈与があった場合には、時価で評価をして贈与税を計算する。

すなわち、負担付贈与以外の贈与は相続税評価額で、不動産の負担付贈与は時価で、不動産以外の負担付贈与は相続税評価額で贈与税を計算する、ということである。

③債務免除を受けた場合

借りたお金を返さなくていいことになった、という場合には、借りた方は返さなくていい分だけ得したことになる。お金を借りたときにその分だけ返さなくていい、すなわち、お金の贈与を受けたのと同じ効果になる。

そこで、借りたお金を返さなくていい、すなわち、債務免除を受けた場合には、債務免除を受けたときに、贈与税がかかることになっていて、これがみなし贈与課税である。

④生命保険金をもらった場合

例えば、被保険者…夫、保険料支払人…夫、保険金受取人…妻という生命保険契約をしていたところ、不幸にして、夫が亡くなって、妻が生命保険金をもらった場合には、妻のもらった生命保険金は、みなし相続財産となって、相続税がかかる。このことは、すでに相続税のところで説明した。

ところで、このような生命保険で、死亡保険金ではなく、満期保険金を妻がもらった場合には、どうなるであろうか。満期保険金は、夫がまだ亡くなっていないから、みなし相続財産とはならない。満期保険金は、夫が長い間、保険料を支払っていたからこそ、保険会社から妻に支払われるものである。したがって、夫から妻への贈与と実質的に何ら変わるところがない。

そこで、このような満期保険金については、妻に贈与税がかかることになっている。これが、みなし贈与課税である。

また、つぎのような場合にも、みなし贈与として、子供に贈与税がかかる。

被保険者…母親、保険料支払人…父親、保険金受取人…子供、このような生命保険契約で、母親が亡くなった場合に、子供がもらった生命保険金である。

子供がもらった保険金は、死亡保険金だが、保険料を支払っていたのは父親である。父親はまだ生存している。したがって、父親から子供への贈与、いわゆる、みなし贈与、となる。

（2） 贈与税がかからない財産

贈与税がかからない財産については以下のものが挙げられる。

①会社からもらった財産

贈与税は､あくまで個人から個人へ財産が移った場合にかかる。したがって、会社から個人が財産をもらった場合には、法人から個人宛てなので、贈与税はかからない。会社からもらった財産には、贈与税ではなく、所得税がかかることになっている。

②生活費や教育費としてもらった財産

妻が夫から生活費をもらった場合、子供が親から教育費をもらった場合、いずれの場合にも、贈与税はかからない。夫と妻との間、親と子供との間には、それぞれ、扶養義務があるわけであるから当然のことである。

しかし、生活費や教育費であれば、いくらでもよいというわけではない。生活費や教育費として通常必要なものという制限がある。

③贈答品をもらった場合

お中元やお歳暮、結婚式のお祝金、出産のお祝金、病気のお見舞、香典など、このようなものをもらった場合には、厳密にいえば、贈与だから、贈与税がかかる。しかし、これらのものは、社交上必要なものである。こういうものまで贈与税、というのでは、国民感情からみても適当ではない。

そこで、もらったものが、社交上必要なもので、社会的にみて相当であるものについては、贈与税がかからないことになっている。

④相続があった年に被相続人からもらった財産があった場合

相続や遺贈によって財産をもらった人が、被相続人からその相続があった年に贈与によってもらった財産がある場合には、その贈与によってもらった財産については、相続開始前３年※以内の贈与として相続税がかかるのは既述のとおりである。

また、この財産については、生前に贈与によってもらったものだから、本来であれば、贈与税がかかることになる。しかし、相続があった年に被相続人からもらった財産については、贈与税をかけないことになっている。これは同じ財産について、相続税と贈与税を重ねてかけない、ということである。

※令和５年度税制改正により、７年に延長された。詳細は71頁の備考参照。

(３)　贈与税の計算

贈与税の計算は、相続税の計算よりも簡単である。贈与税は次のような段階を踏んで計算する。

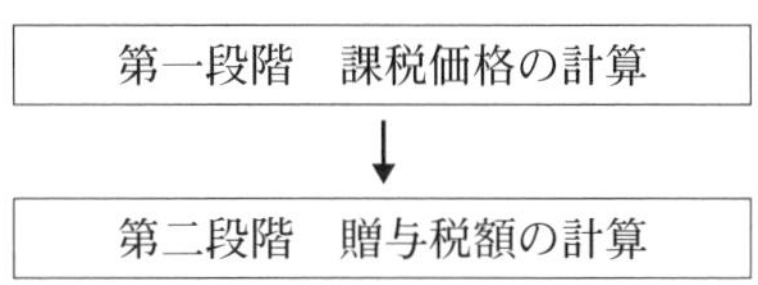

①課税価格の計算

まずは、第１段階の課税価格の計算である。課税価格というのは、贈与税がかかる金額をいう。

課税価格は、贈与によってもらった人ごとに、１月１日から12月31日までの１年間に、贈与によってもらった財産を合計して、計算する。

ここで注意しなければならないのは、１年間に贈与によってもらった財産をすべて合計しなければならない、ということである。

課税価格は、具体的には、図表２－３の手順に従って計算する。

土地、建物、株式などについては、贈与によってもらったときの、相続税評価額で課税価格を計算する。

図表２―３　贈与税の計算手順（課税価格の算出まで）

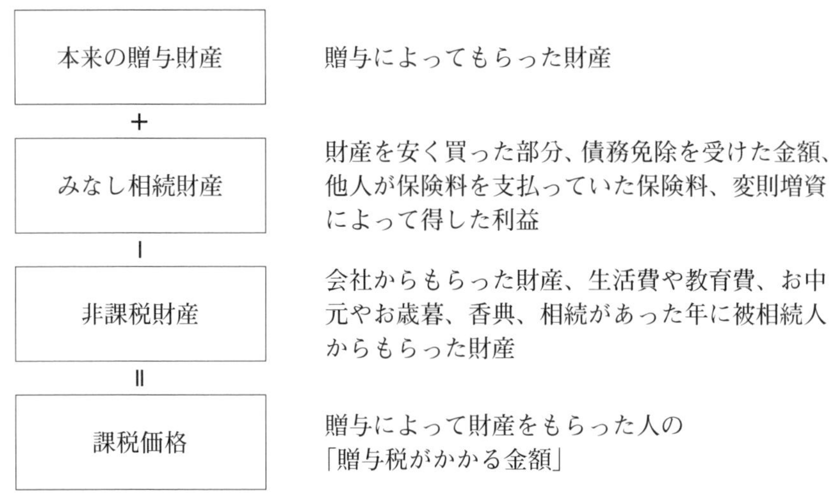

②贈与税の計算

第２段階は、贈与税額の計算である。まず、課税価格から基礎控除額をマイナスする。基礎控除額は、１年間110万円である。

そして、基礎控除額をマイナスした残額に、対応する一定の税率をかけて、贈与税額を計算する。

この計算による贈与税額が、納めなければならない贈与税額となる。

図表２－４　贈与税の計算手順（税額の算出まで）

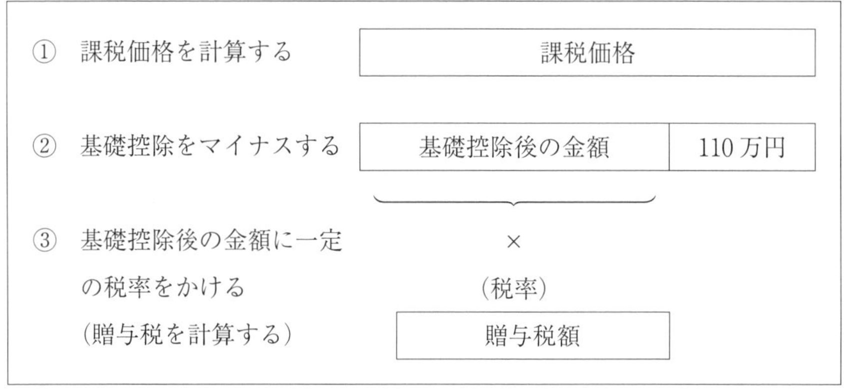

例えば、18歳以上（22年3月31日以前は20歳以上）の者が直系尊属から贈与を受けた場合、課税価格を1,000万円とすれば、基礎控除後の金額は、1,000万円－110万円＝890万円となる。これに、図表2－5の贈与税の速算表をみて、その金額に応じた一定の税率をかけて、贈与税額を計算する。

速算表①の、「600万円超1,000万円以下」の欄に則り、30％をかけて90万円をマイナスして計算すると、890万円×30％－90万円＝177万円となり、納めなければならない贈与税額は、177万円となる。

図表２－５　贈与税の速算表

①18歳以上※の者が直系尊属から贈与を受けた場合

基礎控除後の金額	税　率	控除額
200万円以下	10%	－
200万円超400万円以下	15%	10万円
400万円超600万円以下	20%	30万円
600万円超1,000万円以下	30%	90万円
1,000万円超1,500万円以下	40%	190万円
1,500万円超3,000万円以下	45%	265万円
3,000万円超4,500万円以下	50%	415万円
4,500万円超	55%	640万円

※22年3月31日以前は20歳以上

②①以外の贈与を受けた場合

基礎控除後の金額	税　率	控除額
200万円以下	10%	－
200万円超300万円以下	15%	10万円
300万円超400万円以下	20%	25万円
400万円超600万円以下	30%	65万円
600万円超1,000万円以下	40%	125万円
1,000万円超1,500万円以下	45%	175万円
1,500万円超3,000万円以下	50%	250万円
3,000万円超	55%	400万円

③配偶者の居住用財産の贈与

夫から妻へ、妻から夫へ、すなわち、配偶者の間で財産が移った場合に、相続税では税額を大幅に安くする特例があった。贈与税の方でも、配偶者の老後の生活を保障するために、税額を安くする特例がある。

これが、贈与税の配偶者控除、といわれるものである。

この配偶者控除は、一定の要件にあった贈与について、基礎控除とは別で、最高2,000万円を、課税価格からマイナスするものである。

すなわち、配偶者控除がある場合には、基礎控除110万円、配偶者控除2,000万円と、トータルで2,110万円の控除ができる、ということである。

配偶者控除ができる一定の要件とは、つぎのとおりである。

ア．贈与があったときに、婚姻期間が20年以上であること

もちろん、戸籍に入っている期間で計算する。

イ．居住用の土地や建物の贈与であることまたは、居住用の土地や建物を買うための現金・預金の贈与であること

すなわち、居住用の土地や建物そのものの贈与、居住用の土地や建物を買うためのお金の贈与、そのどちらでもよい、ということである。

ウ．もらった土地や建物に、もらった年の翌年3月15日までに実際に住むこと

または、もらった年の翌年3月15日までに、もらったお金で土地や建物を買って、そこに実際に住むこと

エ．翌年の3月15日までに住んで、その後もずっとそこに住む予定であること

オ．過去に贈与税の配偶者控除を受けていないこと

カ．この特例をうけるためには一定の書類をつけて必ず申告すること

④相続時精算課税制度（92頁の備考参照）

贈与をする場合、相続税と贈与税を一体として精算する「相続時精算課税制度」が選択できる。

具体的には、つぎのような制度である。

贈与時	贈与により取得した財産に対する相続時精算課税にかかる贈与税額を払う
相続時	その贈与により取得した財産の価額と相続等により取得した財産の価額とを合計した価額を課税価格として計算した相続税額から、すでに支払った相続時精算課税にかかる贈与税額を控除した額をもって、その納付すべき相続税額とする

この制度の適用対象者は、以下のとおりである。

贈与者	その年の1月1日において60歳以上の直系尊属
受贈者	その年の1月1日において18歳以上※の贈与者の子（養子を含む）又は孫

※22年3月31日以前は20歳以上

この制度を選択しようとする受贈者は、その選択にかかる贈与を受けた年の翌年2月1日から3月15日までの間にその旨を記載した「届出書」を所轄税務署長に提出しなければならない。この制度の選択は、受贈者が、それぞれ贈与者ごとに行うことができる。

例えば、父と母から財産の贈与を受けた場合には、父からの贈与により取得した財産についてはこの制度を選択し、母からの贈与により取得した財産についてはこの制度を選択しない、ということもできる。

この届出書の提出期限前に、相続時精算課税適用者（この制度にかかる受贈者）が死亡した場合には、その適用者の相続人が相続開始があったことを知った日の翌日から10カ月以内に、この届出書をその適用者の納税地の所轄税務署長に共同して提出することができることになっている。この制度を選択した場合には、贈与税額は、特定贈与者ごとにそれぞれ計算することになる。

- 贈与税の課税価格……選択した各年以後の各年において、特定贈与者（この制度にかかる贈与者）ごとに贈与により取得した財産の価額の合計額。
- 贈与税額……（特定贈与者ごとの課税価格 － 基礎控除、年110万円 － 特別控除額）× 20%

特別控除額は、2,500万円（課税価格を限度）である。

しかし、すでに前年以前に特別控除を適用した金額がある場合には、その適用した金額を控除した金額となる。なおこの特別控除は、期限内申告書に所定の事項の記載がある場合に限り適用される。

この制度の適用をうけた者が、特定贈与者から相続等により財産を取得した場合、その課税価格は、以下の方法で計算することになる。

- 適用者の課税価格＝この制度にかかる受贈財産の価額＋相続等による取得財産の価額＋相続開始前3年※以内贈与の財産の価額
- 適用者以外の者の課税価格＝相続等による取得財産の価額＋相続開始前3年※以内贈与財産の価額

※令和５年度税制改正により、７年に延長された。詳細は71頁の備考参照。

この課税価格を基に各人の相続税額を計算して、この制度の適用者の納付相続税額は、

その者の相続税額 － この制度にかかる贈与税額

となる。その際、相続税額から控除しきれない場合には、贈与税の還付を受けることができる。

また、相続財産と合算する贈与財産の価額は贈与時の時価とする。

この制度の適用をうけた者が、特定贈与者から相続等により財産を取得しなかった場合でも、この制度にかかる贈与により取得した財産を相続等により財産を取得したものとみなして、相続税額の計算をすることになる。

特定贈与者の死亡以前に、その特定贈与者にかかる相続時精算課税の適用者が死亡した場合には、相続時精算課税適用者の相続人は、この適用にかかる納税の権利または義務を承継することになる。

ただし、この相続人のなかにその特定贈与者がいる場合には、その特定贈与者は、その納税の権利または義務を承継しないことになる。

（備考）　令和５年度税制改正による相続時精算課税制度の見直し

令和５年度税制改正により、相続時精算課税制度が下記のとおり見直された。

①相続時精算課税制度の基礎控除

相続時精算課税で受けた適用者が特定贈与者から贈与により取得した財産に係るその年分の贈与税については、暦年課税の基礎控除とは別途、毎年、課税価格から基礎控除110万円を控除できることとなる。なお、複数の特定贈与者から贈与を受けた場合は、それぞれの贈与額で按分となる。

②相続税の課税価格に加算する財産の価額

相続税の課税価格に加算する財産の価額は、現行は贈与額であるが、改正後は贈与額から①の基礎控除を控除した残額となる。

（注）①②の改正は、2024年１月１日以後に贈与により取得する財産に係る相続税または贈与税について適用される。

③相続時の財産の評価

相続時精算課税適用者が特定贈与者から贈与により取得した一定の土地または建物が、当該贈与の日から当該特定贈与者の死亡に係る相続税の申告書の提出期限までの間に、災害によって一定の被害を受けた場合は当該相続税の課税価格への加算等の基礎となる当該土地または建物の価額は、当該贈与時の時価から当該災害によって被害を受けた部分に相当する額を控除した残額となる。

(注)③の改正は、2024年1月1日以後に生ずる災害により被害を受ける場合について適用される。

5. 贈与税の申告・納付

(1)　贈与税の申告

申告書を提出しなければならない人は、贈与によって財産をもらった人で、納めなければならない贈与税額がある人である。

たとえ、贈与によって財産をもらっても、贈与税額がない人は申告する必要がない。納めなければならない贈与税額のある人だけが、申告する必要があるということである。すなわち、課税価格が、基礎控除額以下であれば、申告する必要はない。

しかし、2,000万円の配偶者控除の特例や住宅資金贈与の特例だけは、申告しないと認められない。したがって、この特例を受けるためには、たとえ、納めなければならない贈与税額がゼロとなっても、申告書を提出しなければならない。贈与税の申告は、贈与をうけた年の翌年2月1日から3月15日までの間にしなければならない。

(2)　贈与税の納付

贈与税申告書は、贈与を受けた人の住所地を所轄する税務署へ提出しなければならない。贈与をした人の住所地を所轄する税務署ではない。

また、贈与税は現金で、納期限までに全額納めるのが原則で、納期限は申告書の提出期限と同じである。すなわち、贈与税は、贈与を受けた年の翌年2月1日から3月15日までの間に、現金で納めなければならないことに留意が必要である。

贈与税を納める場所は、金融機関や税務署である。もし、納期限までに納めないと、延滞税がかけられることになる。延滞税は、2カ月遅れまでは年7.3%（注1）、それを超えると年14.6%（注2）の割合でかかってくる。

（注1）「特例措置」

「延滞税特例基準割合」（p.82参照）＋年1%

※23年1月1日から12月31日までの1年間は、年2.4%

（注2）「特例措置」

「延滞税特例基準割合」（p.82参照）＋年7.3%

※23年1月1日から12月31日までの1年間は、年8.7%

（3）住宅資金等の贈与税の特例

2023年12月31日まで※に父母や祖父母など直系尊属から住宅を取得するための資金を贈与された場合、一定の金額まで贈与税が非課税になる制度がある。非課税限度額は住宅取得の契約締結日や住宅の種類に応じて変動する。また、受贈者にも所得が2,000万円以下等の要件がある。

※令和6年度税制改正により、適用期限が3年延長される予定。

（4）教育資金の一括贈与の非課税制度

2026年3月31日までに、30歳未満の子・孫（前年の合計所得金額が1,000万円以下の人に限る）が父母や祖父母など直系尊属から教育資金として一括贈与を受け一定の要件を満たす場合は、受贈者1人につき1,500万円まで（このうち学習塾や習い事など学校以外に支払うものは500万円まで）贈与税が非課税となる制度がある。

扶養家族に対して支払う教育費に贈与税は課税されないのが原則であるが、本制度は、多額の資金を一度に非課税で贈与できる点に特徴がある。また、この制度を利用しても、毎年の贈与で110万円の基礎控除を受けることができる。

（5）結婚・子育て資金の一括贈与の非課税制度

2025年3月31日までに、18歳以上（2022年3月31日以前は20歳以上）50歳未満の子・孫（前年の合計所得金額が1,000万円以下の人に限る）が父母や祖父母など直系尊属から結婚や子育ての資金として贈与を受け一定の要件を満たす場合は、受贈者１人につき 1,000 万円まで（このうち結婚のための資金は 300 万円まで）贈与税が非課税となる制度がある。

扶養家族に対して結婚費用や出産費用を贈与しても贈与税は課税されないのが原則であるが、本制度も教育資金の一括贈与の非課税制度と同様、多額の資金を一度に非課税で贈与できる点に特徴がある。この制度を利用しても、毎年の贈与で 110 万円の基礎控除を受けられるのも同様である。

６．財産評価

（１）　土地の評価

①宅地の評価

評価基準によって土地を評価する場合には、まず、土地の地目によって評価方法が分かれている。

土地の地目は、宅地、田・畑、山林、原野、牧場、池沼、雑種地とたくさんあるが、ここでは、最も中心的となる、宅地についてみていく。

宅地の評価方式には、路線価方式と倍率方式の２つがある。

路線価方式は、市街地にある宅地についての評価方法であり、倍率方式は、郊外地にある宅地についての評価方法である。どこの宅地について、路線価方式をとるか、または、倍率方式をとるかは、国税庁が決めており、１つの宅地について、両方の方式が、適用されることはない。

なお、宅地の評価は、利用単位ごとに計算する。１筆単位ではない。

②路線価方式

路線価方式とは、宅地が面している道路につけられた値段、すなわち、路線価によって評価する方法である。

この路線価は、国税庁が毎年改訂して公表しており、税務署や国税局に備えてある「路線価図」をみればわかる。路線価は、道路にそれぞれ、値段がついている。

路線価は、すべて、１㎡あたりの金額を千円単位で表している。

地区区分は、宅地を評価する場合に、その宅地の形や道路の位置によって、評価を修正する割合が決まっている。同じ210㎡の宅地であっても、奥行きの短い宅地については利用しにくく用途も限られるため、同じ評価にすることはできない。そこで､奥行きが短い宅地については､路線価を修正することになっているのである「奥行価格補正率表」で決まっている率をかけて、路線価を修正する。また、奥行きの長い宅地についても、「奥行価格補正率表」で、路線価を修正する。

③倍率方式

倍率方式は、路線価方式にくらべると、簡単である。その宅地の固定資産税評価額に、一定の倍率をかけて計算する方法である。固定資産税評価額は、その宅地がある市区町村の役所・役場に行けばわかる。固定資産税通知書に書いてある固定資産税課税標準とは違うので注意する必要がある。また、一定の倍率は、税務署や国税局へ行けばわかる。なお、この倍率方式は、路線価方式のように、宅地の形や道路の位置による修正はしない。

この宅地の評価も、更地、被相続人や相続人が使っている宅地、贈与した人や贈与によってもらった人が使っている宅地としてのものである。

④事業用・居住用宅地の評価

相続や遺贈によってもらった財産のなかに、被相続人や被相続人の親族が、事業用に使っていた、または住まいに使っていた宅地がある場合には、その宅地のうち、200㎡から400㎡までの部分については、評価が安くなる。

これは、

ア．事業用として使っていた宅地を､そのままの評価で相続税を計算すると、事業の承継が難しくなる

イ．住まいとして使っていた宅地を､そのままの評価で相続税を計算すると、その宅地を売らなければ、相続税を払えなくなる

ということで、評価を減価しているからである。

この特例は、200㎡から400㎡までの被相続人の宅地で相続や遺贈によってもらった場合だけに適用される。したがって､贈与の場合には､適用されない。どれくらい安くなるかは、一般的なものである、ア．事業用宅地、イ．居住用宅地によって、違ってくる。

一般的な宅地の内容については、次のとおりである。

ア．事業用宅地

㋑　特定事業用宅地（㋥の貸付用宅地は除く）

つぎのA、Bに該当する特定事業用宅地は、80%マイナスの20%評価となる。

A．被相続人の事業用宅地で、相続税の申告期限までに、被相続人の事業を引き継いだ親族が、その宅地を相続し、その事業を営んでいるとき。

B．被相続人と同一生計の親族の事業用宅地で、相続開始前から相続税の申告期限までに、同一生計の親族が、その宅地を相続し、引き続き、自分の事業に使っているとき。

㋺　特定同族会社事業用宅地

つぎの特定同族会社事業用宅地は、80%マイナスの20%評価となる。

被相続人が経営していた同族会社（被相続人等が発行済株式数の50%超を所有）の事業用宅地で、相続税の申告期限までに、会社の経営を引き継いだ親族が、その宅地を相続し、引き続き、その会社の事業に使われているとき。

㋩　事業用宅地

被相続人等の事業用宅地で、㋑および㋺以外の事業用宅地は、減額措置がない。

事業用宅地	㋑　特定事業用宅地	20%宅地
	㋺　特定同族会社事業用宅地	
	㋩　㋑、㋺以外の事業用宅地	100%宅地

㋥　貸付事業用宅地

貸ビル用地、賃貸マンション用地、アパート用地、駐車場用地、駐輪場用地など、貸付用宅地は、50%マイナスの50%評価となる。

イ．居住用宅地

㋑　特定居住用宅地

つぎのA、Bに該当する特定居住用宅地は、80%マイナスの20%評価となる。

A．被相続人の居住用宅地で、配偶者や同居の親族がいる場合、配偶者が、その宅地を相続したとき、または、同居の親族が、その宅地を相続し、居住を続けているとき。

配偶者も同居の親族もいない場合、相続開始前３年間、自分または自分の配偶者がもっていた家屋に住んだことのない親族が、その宅地を相続したとき。

B．被相続人と同一生計の親族の居住用宅地で、配偶者が、その宅地を相続したとき、または、その同一生計の親族が、その宅地を相続し、居住を続けているとき。

㋺　居住用宅地

被相続人等の居住用宅地で、㋑以外の居住用宅地は、減額措置がない。

居住用宅地		
	㋑　特定居住用宅地	20％評価
	㋺　㋑以外の居住用宅地	100％評価

評価減の対象となる宅地の面積は、納税者の選択によって、200㎡から400㎡までとなっている。選択した宅地等の種類によって、それぞれ評価減の対象となる面積が違ってくる。

その内容は、次のとおりである。

小規模宅地等に該当する宅地等は、

ｉ　Ａグループ

- 特定事業用宅地等
- 特定同族会社事業用宅地等

ii　Ｂグループ

- 特定居住用宅地等

iii　Ｃグループ

- 貸付用宅地等

の３グループになる。

この３グループのどのグループの宅地等を選択するかによって、評価減ができる対象面積の限度が違ってくる。

その内容は、次のとおりである（2015年１月１日以後の相続等から）。

選択単位	対象限度面積
Ａグループ	400㎡まで
Ｂグループ	330㎡まで
Ｃグループのみ	200㎡まで
(Ａ・Ｂ)とＣグループ重複	調整面積まで

（Ａ・Ｂ)とＣグループの重複選択をする場合の対象面積の限度は、次のⅰからⅲまでの合計面積が、200㎡以下となる。

［ⅰの面積］＋［ⅱの面積］＋［ⅲの面積］＝［合計面積］≦ 200㎡

ⅰ　［選択したＡグループの面積の合計］ × $\frac{200}{400}$ ＝ 面積

ⅱ　［選択したＢグループの面積の合計］ × $\frac{200}{330}$ ＝ 面積

ⅲ　［選択したＣグループの面積の合計］

例えば、選択した面積が、Ａグループの宅地等100㎡、Ｂグループの宅地等165㎡とすれば、選択できるＣグループの宅地等の限度面積は、

$$200㎡ - 〔100㎡ \times \frac{200}{400} + (165㎡ \times \frac{200}{330})〕 = 50㎡$$

50㎡となる。

（２）建物の評価

①自分が使っている建物の評価

建物の評価は、固定資産税評価額そのものである。

固定資産税評価額は、建物のある市区町村の役所・役場に行けばわかる。なお、固定資産税通知書に書いてある固定資産税課税標準とは違う。土地や建物の固定資産税評価額というのは、３年毎に改訂される。

建物の評価額、つまり固定資産税評価額は、その建物を、自分で使っている、自分の親族が使っている場合のものである。

②貸している建物の評価

他人に貸している建物、すなわち、貸家は、固定資産税評価額から借家権の

金額をマイナスして評価する。

（固定資産税評価額）－（借家権の金額）

借家権の金額は、固定資産税評価額に借家権割合をかけて計算する。

（固定資産税評価額）×（借家権割合）×（賃貸割合）

借家権割合は、30％である。

（3）配偶者居住権等の評価

民法改正により、2020年4月1日から施行された「配偶者居住権等」の相続税における評価額は、つぎの算式で計算する。

①配偶者居住権（建物）

建物の相続税評価額 － **下記②**

②配偶者居住権が設定された建物（「居住建物」という）の所有権

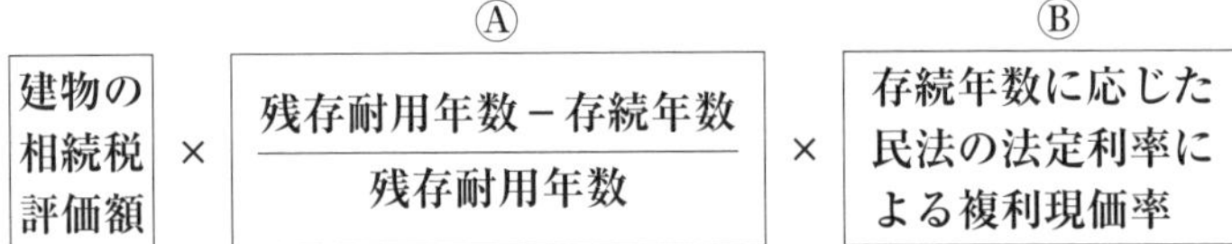

（注1）「残存耐用年数」とは、つぎの算式による年数をいう。

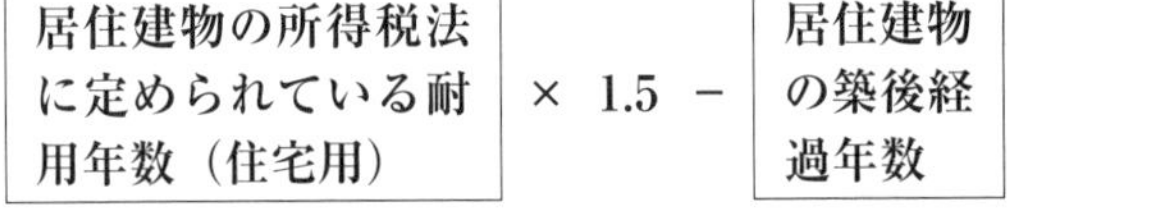

（注2）「存続年数」とは、つぎに掲げる場合の区分に応じ、それぞれつぎに定める年数をいう。

㋑　配偶者居住権の存続期間が配偶者の終身の間である場合
——配偶者の平均余命年数

㋺　㋑以外の場合
——遺産分割協議等により定められた配偶者居住権の存続期間の年数（配偶者の平均余命年数を上限とする）

（注3）（残存耐用年数）または（残存耐用年数－存続年数）がゼロ以下となる場合には、Ⓐは、ゼロとする。

③　**配偶者居住権（居住建物の敷地の利用に関する権利）**

土地の相続税評価額 － **下記④**

この敷地の利用に関する権利は、小規模宅地等の特例の対象となる。

④　**居住建物の敷地の所有権**

土地の相続税評価額 × **上記Ⓑ**

（4）預貯金の評価

預貯金は、

預入高 ＋既経過利子の額 － 源泉所得税相当額

で評価することになっている。

なお、既経過利子の額を算定するときの利率は、期限前解約利率の定めのあるものについては期限前解約利率による。

（5）その他有価証券の評価

①個人向け国債の評価

個人向け利付国債は、中途換金した場合に取扱機関から支払を受けることができる価額として、次の算式により計算した金額によって評価する。

額面金額 ＋ 経過利子相当額 － 中途換金調整額

②証券投資信託受益証券の評価

株式投資信託、公社債投資信託などは、次のア. からウ. までの算式で評価する。

ア．日々決算型のもの（中期国債ファンド、MMF等）

１口あたりの基準価額 × 口数 ＋ 再投資されていない未収分配金（i）
－（i）の源泉所得税額相当額 － 信託財産留保額 － 解約手数料

イ．証券取引所に上場されている株式投資信託

上場株式に準じて評価

ウ．その他

１口あたりの基準価額 × 口数 － 解約請求等の源泉所得税相当額
－ 信託財産留保額及び解約手数料

③貸付信託受益証券の評価

貸付信託受益証券は、次の算式で評価する。

元本の額 ＋ 既経過収益の額 － 源泉所得税相当額 － 買取割引料

④抵当証券の評価

抵当証券は、次の算式で評価する。

ア．抵当証券業者の販売するもの

元本の額 ＋ 既経過利子の額 － 源泉所得税相当額 － 解約手数料

イ．ア．以外のもの

元本の額 ＋ 既経過利子の額

第２章の出題

※出題・解説は原則、出題当時の内容で掲載されています。

※回号表示については２頁の注意書きをご参照下さい。

第1問

（第78回）

相続税のかかる財産に関する次の記述のうち、誤っているものを１つ選びなさい。

(1)　被相続人が死亡した日に持っていた「本来の相続財産」に相続税がかかるとともに、相続や遺贈によって取得したとみなされる「みなし相続財産」も課税の対象となる。

(2)　被相続人の子が、相続等により被相続人から相続財産をもらっていない場合でも、被相続人からの相続開始前３年以内の贈与財産があれば、その財産は相続財産に加える。

(3)　事業用財産である商品、事業用の機械器具は、相続財産に含まれる。

解答：P.114

第2問

（第78回）

弔慰金や花輪代に関する次の記述のうち、誤っているものを１つ選びなさい。

(1)　常識的な金額の弔慰金や花輪代など、遺族に弔意を表すものは、相続税がかからない。

(2)　弔慰金や花輪代については、相続税の取扱いのうえで、形式的な基準を設けており、その基準以内の金額については、相続税がかからないことになるが、業務上の死亡以外の場合は、死亡時の普通給与の３カ月分が基準となる。

(3)　弔慰金については、形式的な基準で、業務上の死亡の場合は、死亡時の普通給与の３年分であれば、相続税はかからない。

解答：P.114

第3問　（第80回）

相続税がかからない財産に関する次の記述のうち、正しいものを１つ選びなさい。

(1)　祖先崇拝としての仏壇は、高額なもの（たとえば、純金製）は相続税がかかる。

(2)　相続人がもらった生命保険金は、一定の金額までは相続税がかからない。一定の金額は、「500万円×修正法定相続人の数」で計算する。法定相続人が妻A、実子B、養子C・Dの場合、修正法定相続人の数は３人となる。

(3)　弔慰金は、形式基準として、業務上の死亡の場合、死亡時の普通給与の６カ月分まで相続税がかからない。

解答：P.114

第4問　（第81回）

相続開始前３年以内に被相続人から贈与を受けた財産の税務上の取扱いに関する次の記述のうち、誤っているものを１つ選びなさい。

(1)　相続開始前３年以内に被相続人から三男が贈与を受けた財産は、三男が相続によって財産をもらっていない場合には、相続財産に加算しない。

(2)　相続開始前３年以内に被相続人から孫（相続人でない）が贈与を受けた財産は、当該孫が遺贈により被相続人から財産をもらった場合でも、相続財産に加算しない。

(3)　相続開始前３年以内の贈与として相続財産に加算する場合の金額は、生前に贈与を受けたときの価額による。

解答：P.114

第5問　（第77回）

国などに寄付した財産に関する次の記述のうち、正しいものを１つ選びなさい。

(1)　相続や遺贈によって財産をもらった人が、国や地方公共団体、特定の公益法人に寄付した場合は、その寄付した財産については、相続税がかからないが、そのためには、相続税の申告期限までに寄付すること等が要件となっている。

⑵　相続や遺贈によってもらった財産そのものを寄付することなく、もらった財産を売却して、その代金を寄付した場合も相続税はかからない。

⑶　すでに設立されている特定の公益法人への寄付であることが要件で、また、寄付をした日から３年以内に、その特定の公益法人が寄付を受けた財産を公益事業に使っていることも要件である。

解答：P.115

第6問　（第 81 回）

相続財産から控除されるものに関する次の記述のうち、誤っているものを 1 つ選びなさい。

⑴　被相続人が残した借入金や未払税金などは、マイナスの要素となり相続財産から差し引かれることになり、これを債務控除という。

⑵　固定資産税は、１月１日に固定資産を保有している人にかかってくる税金であるが、債務控除することができる。

⑶　被相続人の亡くなった年分の所得税の申告は、亡くなった日から６カ月以内に、相続人が被相続人に代わって申告しなければならず、この申告のことを準確定申告という。準確定申告によって、納めなければならない所得税は、債務控除することができる。

解答：P.115

第7問　（第 81 回）

相続税の計算に関する次の記述のうち、誤っているものを 1 つ選びなさい。

⑴　相続財産である株式については、被相続人が亡くなったときの、相続税評価額で課税価格を計算する。

⑵　課税遺産総額は、課税価格の合計額から基礎控除額をマイナスして計算する。

⑶　相続税の総額は、課税遺産総額を、実際に財産をもらった金額を基に計算する。

解答：P.115

第8問　（第78回）

相続税額が20%加算される場合に関する次の記述のうち、正しいものを1つ選びなさい。

⑴　兄弟姉妹が相続や遺贈によって財産を取得した場合は、相続税額の20%加算は適用されない。

⑵　代襲相続した孫が相続や遺贈によって財産を取得した場合、相続税額の20%加算は適用されない。

⑶　被相続人の養子となっている孫（実子である親は生存している）が、相続によって財産を取得した場合は、相続税額の20%加算は適用されない。

解答：P.115

第9問　（第80回）

相続税が安くなるケースに関する次の記述のうち、誤っているものを1つ選びなさい。

⑴　配偶者が、次の金額までの相続財産をもらった場合（配偶者と子が相続人の場合）には、相続税はまったくかからない。

（課税価格の合計額の2分の1）か（1億6,000万円）かのいずれか多い方の金額

⑵　相続人が未成年者、すなわち18歳未満の場合、その相続人が18歳になるまでの年数1年につき、10万円の未成年者控除ができる。

⑶　父親が亡くなって、その後5年以内に母親が亡くなった場合、相次相続控除をすることはできない。

解答：P.115

第10問　（模擬問題）

相続税の計算の仕組みに関する次の記述のうち、正しいものを１つ選びなさい。

⑴　相続税は、相続や遺贈によって財産をもらった人ごとに、「相続税がかかる金額」を計算し、それに税率をかけて算出する。

⑵　相続税は、「課税価格の計算」をしてから、「各人の相続税額の計算」をするという２段階で算出する。

⑶　相続税は、「課税価格の計算」をし、「相続税の総額の計算」をしてから、「各人の相続税額の計算」をするという３段階で算出する。

解答：P.116

第11問　（第77回）

相続税の申告に関する次の記述のうち、誤っているものを１つ選びなさい。

⑴　相続税の申告書は、被相続人の住所地を所轄する税務署に提出しなければならない。

⑵　取得した財産が基礎控除の範囲内であれば、いかなる場合も申告する必要がない。

⑶　相続税の申告は、被相続人が亡くなったことを知った日の翌日から10カ月以内にしなければならない。

解答：P.116

第12問　（第77回）

相続税の納付に関する次の記述のうち、誤っているものを１つ選びなさい。

⑴　相続税を納める場所は、金融機関のみである。

⑵　相続税は、現金で納期限までに全額納めるのが原則である。

⑶　相続税を納期限までに納めないと、延滞税がかけられる。

解答：P.116

第13問　（第 80 回）

相続税の延納・物納に関する次の記述のうち、誤っているものを 1 つ選びなさい。

⑴　相続税について、一定の要件のもとに年賦延納という形で、相続税を分割して納める方法がある。

⑵　延納が認められる期間は、相続財産のうち不動産等の価額が 4 分の 3 以上の場合、その不動産等の価額に対応する税額に対しては、最高 15 年である。

⑶　相続税を現金での納付、または延納での納付ができない場合、物納することができる。この場合、相続財産のうち、国債や不動産は物納できる第 1 順位である。

解答：P.116

第14問　（第 75 回）

贈与税等に関する次の記述のうち、誤っているものを 1 つ選びなさい。

⑴　贈与税は、相続税の補完税である。したがって、贈与税の税率は、相続税の税率よりも高い税率になっている。

⑵　贈与税がかかるケースは、原則として、個人から個人へ財産がタダで移るケースである。

⑶　子供自身が知らないうちに、父親が子供名義で預金していた場合、いざ相続というときには、その子供名義の預金は、相続財産にならない。

解答：P.117

第15問　（第 81 回）

贈与税に関する次の記述のうち、正しいものを 1 つ選びなさい。

⑴　贈与税は、個人から個人へ財産がタダで移ったときにかかる。

⑵　贈与税は、財産を贈与した者にかかる。

⑶　贈与税の基礎控除額は、贈与した者ごとに 1 年間 110 万円である。

解答：P.117

第16問　（模擬問題）

本来の贈与財産とみなし贈与財産に関する次の記述のうち、誤っているものを１つ選びなさい。

(1)　父親が所有する時価2,000万円の土地を、長男が1,000万円で買った場合は、みなし贈与に該当する可能性が高い。

(2)　借りていたお金を返さなくていい、すなわち債務免除を受けた場合は、みなし贈与に該当する可能性が高い。

(3)　被保険者……夫、保険料支払人……妻、保険金受取人……妻という生命保険契約があり、満期保険金を妻が受取った場合は、みなし贈与に該当する。

解答：P.117

第17問　（第77回）

贈与税がかからない財産に関する次の記述のうち、正しいものを１つ選びなさい。

(1)　会社からもらった財産には、贈与税がかかる。

(2)　子どもが親から教育費をもらった場合、贈与税はかからない。教育費であれば、いくらでもよい。

(3)　相続があった年に被相続人（父）から長男がもらった財産については、贈与税がかからない。

解答：P.117

第18問　（模擬問題）

贈与税の計算に関する次の記述のうち、誤っているものを１つ選びなさい。

(1)　贈与税がかかる金額である課税価格は、贈与によって受領した人ごとに、1月1日から12月31日までの1年間に、贈与によって受領した財産の金額を合計して、計算する。

(2)　土地、建物については、贈与によって受領したときの時価（通常第三者間で売買される価額）で課税価格を計算する。

⑶　贈与税の基礎控除額は、1年間110万円である。

解答：P.118

第19問　（第78回）

配偶者への居住用財産贈与（配偶者控除）に関する次の記述のうち、正しいものを1つ選びなさい。

⑴　配偶者への居住用財産贈与は、基礎控除とは別枠で最高2,000万円を課税価格から控除できるため、基礎控除110万円を合算した2,110万円の控除を受けることができる。

⑵　配偶者への居住用財産贈与の要件として、贈与があった年の1月1日時点で婚姻期間が20年以上であり、居住用の土地や建物の贈与であること、または居住用の土地や建物を購入するための現金・預金の贈与であることが挙げられる。

⑶　相続開始前3年以内の被相続人からの贈与は、相続税を計算するときには相続財産に加えるため、配偶者の居住用財産贈与についても、これに該当する場合には相続財産に加算しなければならない。

解答：P.118

第20問　（第81回）

相続時精算課税制度に関する次の記述のうち、正しいものを1つ選びなさい。

⑴　相続時精算課税制度の適用対象者は、次のとおりである。

・贈与者…この制度の届出時点において60歳以上の者

・受贈者…この制度利用の届出時点において18歳以上の贈与者の子、孫、特例後継者

⑵　この制度を選択しようとする受贈者は、その選択にかかる贈与を受けた年の翌年1月1日から3月15日までの間に、その旨を記載した「届出書」を所轄税務署長に提出しなければならない。

⑶　この制度の適用者の納付相続税額は、「その者の相続税額－この制度にかかる贈与税額」となる。その際、相続税額から控除しきれない場合には、贈

与税の還付を受けることができる。

解答：P.118

第21問

（第 78 回）

贈与税の申告・納付に関する次の記述のうち、誤っているものを 1 つ選びなさい。

⑴　贈与税の申告は、贈与を受けた年の翌年 2 月 15 日から 3 月 15 日までの間にしなければならない。

⑵　贈与税は、原則として、納期限までに現金で全額納めなければならない。

(3)　贈与税を納期限までに納めないと、延滞税がかけられる。

解答：P.118

第22問

（第 78 回）

宅地の評価方式に関する次の記述のうち、誤っているものを 1 つ選びなさい。

⑴　宅地の評価方式には、路線価方式と倍率方式の 2 つの方法がある。

⑵　路線価方式で評価する場合、土地が接している道路の一番高い路線価を乗じて評価する。

⑶　倍率方式は、固定資産税評価額に一定の倍率を乗じて計算する方法である。

解答：P.119

第23問

（第 81 回）

事業用・居住用宅地の相続税評価に関する次の記述のうち、正しいものを 1 つ選びなさい。

⑴　相続や遺贈によってもらった財産の中に、被相続人や被相続人の親族が事業用に使っていた、または住居として使っていた宅地がある場合には、その宅地のうち、一定の面積までの部分については、評価が減額される。

⑵　被相続人等の事業用宅地で、特定事業用宅地以外の事業用宅地は、減額措置がない。

(3) 居住用宅地のうち、一定の要件を満たす特定居住用宅地は50％減額の評価となる。

解答：P.119

第24問 （模擬問題）

建物の相続税評価に関する次の記述のうち、正しいものを１つ選びなさい。

(1) 他人に貸している建物の評価額は、鑑定価格による。

(2) 自分の親族が使っている建物の評価額は、その建物の未償却残高である。

(3) 自己が使っている建物の評価額は、固定資産税評価額である。

解答：P.119

第25問 （模擬問題）

配偶者居住権等の相続税における評価額の計算に関する次の記述のうち、誤っているものを１つ選びなさい。

(1) 配偶者居住権（建物）は、建物の相続税評価額に配偶者居住権が設定された建物（居住建物）の所有権を加算して計算する。

(2) 配偶者居住権（居住建物の敷地の利用に関する権利）は、土地の相続税評価額から居住建物の敷地の所有権を引いて計算する。

(3) 居住建物の敷地の所有権は、土地の相続税評価額に建物の存続年数に応じた民法の特定利率による複利現価率を乗じて計算する。

解答：P.119

第26問 （模擬問題）

金融資産の相続税の評価に関する次の記述のうち、誤っているものを１つ選びなさい。

(1) 預貯金の評価は、「預入高＋既経過利子の額－源泉所得税相当額」で計算する。

(2) 貸付金の債権は、「元本の価額」で評価する。

⑶　ゴルフ会員権のうち、取引相場のない株式制会員権は、「株式の価額」で評価する。

解答：P.119

第27問　（模擬問題）

上場株式の相続税評価に関する次の記述のうち、誤っているものを１つ選びなさい。

⑴　個人間売買の上場株式は、売買があった日の終値で評価する。

⑵　上場株式は、「その日の終値」、「その日の属する月の終値の月平均額」、「その日の前月の終値の月平均額」、「その日の前々月の終値の月平均額」の４つのうち、いずれか小さい方の金額とする。

⑶　負担付贈与の場合は、贈与があった日の始値で評価する。

解答：P.120

第２章の解答・解説

【第１問】

正　解：⑵　　　　**正答率：19.9%**

⑴　記述のとおり。よって、正しい。

⑵　被相続人の子が、相続等により被相続人から相続財産をもらっていない場合には、被相続人からの相続開始前３年以内の贈与財産があっても、その財産は相続財産に加えない。よって、誤り。

⑶　記述のとおり。よって、正しい。

【第２問】

正　解：⑵　　　　**正答率：66.5%**

⑴　記述のとおり。よって、正しい。

⑵　業務上の死亡以外の場合は、死亡時の普通給与の６カ月分である。よって、誤り。

⑶　記述のとおり。よって、正しい。

【第３問】

正　解：⑵　　　　**正答率：52.0%**

⑴　祖先崇拝としての仏壇は、高額なものでも相続税がかからない。よって、誤り。

⑵　記述のとおり。よって、正しい。

⑶　業務上の死亡の場合は、普通給与の３年分である。よって、誤り。

【第４問】

正　解：⑵　　　　**正答率：52.8%**

⑴⑶　記述のとおり。よって、正しい。

⑵　相続開始前３年以内に被相続人から孫（相続人でない）が贈与を受けた財産は、遺贈により被相続人から財産をもらった場合には、相続財産に加算する。よって、誤り。

【第5問】

正　解：(1)　　**正答率：76.7%**

(1)　記述のとおり。よって、正しい。

(2)　財産そのものを寄付することが要件。よって、誤り。

(3)　すでに設立されている公益法人ならびに寄付した日から２年以内に寄付を受けた財産を公益事業に使っていることが要件。よって、誤り。

【第6問】

正　解：(3)　　**正答率：54.2%**

(1)　記述のとおり。よって、正しい。

(2)　記述のとおり。よって、正しい。

(3)　準確定申告は、亡くなった日から４カ月以内に申告しなければならない。よって、誤り。

【第7問】

正　解：(3)　　**正答率：65.3%**

(1)(2)　記述のとおり。よって、正しい。

(3)　相続税の総額は、課税遺産総額を、もし、修正法定相続人が、法定相続分どおりに財産をもらったと仮定した場合の金額を計算する。よって、誤り。

【第8問】

正　解：(2)　　**正答率：67.7%**

(1)　兄弟姉妹が相続や遺贈によって財産を取得した場合は、相続税額が20%加算される。よって、誤り。

(2)　記述のとおり。よって、正しい。

(3)　被相続人の養子となっている孫が、相続によって財産を取得した場合は、相続税額が20%加算される。よって、誤り。

【第9問】

正　解：(3)　　**正答率：36.7%**

(1)　記述のとおり。よって、正しい。

⑵　記述のとおり。よって、正しい。

⑶　相次相続控除は、10年以内に第1次相続と第2次相続があったときにできる。よって、誤り。

【第10問】

正　解：⑶　　**（模擬問題）**

相続税は、3つの段階を踏みながら体系的に積上げ計算をして、各人が納めるべき相続税額を算出する。よって、⑶が正しい。

【第11問】

正　解：⑵　　**正答率：84.2%**

⑴　記述のとおり。よって、正しい。

⑵　配偶者の税額控除の特例だけは、たとえ基礎控除以下であっても、申告しないと認められない。よって、誤り。

⑶　記述のとおり。よって、正しい。

【第12問】

正　解：⑴　　**正答率：89.8%**

⑴　相続税を納める場所は、金融機関や税務署である。よって、誤り。

⑵⑶　記述のとおり。よって、正しい。

【第13問】

正　解：⑵　　**正答率：51.2%**

⑴　記述のとおり。よって、正しい。

⑵　不動産等の価額が相続財産のうち4分の3以上の場合には、その不動産等の価額に対応する税額に対する延納が認められる期間は、最高20年である。よって、誤り。

⑶　記述のとおり。よって、正しい。

【第14問】

正　解：(3)　　**正答率：55.8%**

(1)　記述のとおり。よって、正しい。

(2)　記述のとおり。よって、正しい。

(3)　子供の知らない子供名義の預金は、法律的な贈与でないため、相続財産となる。よって、誤り。

【第15問】

正　解：(1)　　**正答率：59.4%**

(1)　記述のとおり。よって、正しい。

(2)　贈与税は、受贈者にかかる。よって、誤り。

(3)　贈与税の基礎控除額は、受贈者に対して１年間 110 万円である。よって、誤り。

【第16問】

正　解：(3)　　**（模擬問題）**

(1)　売買であっても時価よりも安い売買があった場合には、安く買った部分について贈与税をかけることになっている。よって、正しい。

(2)　債務免除を受けた場合には、債務免除を受けたときに、贈与税がかかることになっている。よって、正しい。

(3)　保険料を妻が払い満期保険金を妻が受取った場合は、みなし贈与として課税されるのではなく、一時所得として所得税が課税される。よって、誤り。

【第17問】

正　解：(3)　　**正答率：72.0%**

(1)　会社からもらった財産には、所得税がかかる。よって、誤り。

(2)　教育費として通常必要なものという制限がある。よって、誤り。

(3)　記述のとおり。よって、正しい。

【第18問】

正　解：(2)　　　　**(模擬問題)**

(1) 記述のとおり。よって、正しい。

(2) 時価（通常第三者間で売買される価額）ではなく、相続税評価額である。よって、誤り。

(3) 記述のとおり。よって、正しい。

【第19問】

正　解：(1)　　　　**正答率：77.4%**

(1) 基礎控除とは別枠で利用可能である。よって、正しい。

(2) 婚姻期間20年以上の要件は、贈与があった年の1月1日時点ではなく、贈与があった日時点である。よって、誤り。

(3) 配偶者の居住用財産贈与については、相続開始前3年以内の贈与であっても、贈与税の申告をして配偶者控除の適用を受けていれば、相続財産に加算しない。よって、誤り。

【第20問】

正　解：(3)　　　　**正答率：38.5%**

(1) 「この制度の届出時点」ではなく、「その年の1月1日」である。よって、誤り。

(2) 届出書の提出期限は、贈与を受けた年の翌年の2月1日から3月15日、である。よって、誤り。

(3) 記述のとおり。よって、正しい。

【第21問】

正　解：(1)　　　　**正答率：73.3%**

(1) 贈与税の申告は、贈与を受けた年の翌年2月1日から3月15日までの間にしなければならない。よって、誤り。

(2) 記述のとおり。よって、正しい。

(3) 記述のとおり。よって、正しい。

【第22問】

正　解：⑵　　**正答率：76.6%**

⑴　記述のとおり。よって、正しい。

⑵　路線価方式で評価する場合、土地の形状、接道状況などを加味して評価する。よって、誤り。

⑶　記述のとおり。よって、正しい。

【第23問】

正　解：⑴　　**正答率：75.3%**

⑴　記述のとおり。よって、正しい。

⑵　特定事業用宅地、特定同族会社事業用宅地及び貸付事業用宅地以外の事業用宅地には減額措置がない。よって、誤り。

⑶　特定居住用宅地は、80％減額の評価となる。よって、誤り。

【第24問】

正　解：⑶　　**（模擬問題）**

自己もしくはその親族が使用している建物を自用家屋といい、その建物の評価額は固定資産税評価額（毎年固定資産税を課税するための課税標準とは異なることに注意）である。賃貸している建物の評価額は、自用家屋評価額に（1－0.3（借家権３割））を掛けて算出する。よって、⑶が正しい。

【第25問】

正　解：⑴　　**（模擬問題）**

⑴　配偶者居住権（建物）は、建物の相続税評価額から配偶者居住権が設定された建物（居住建物）の所有権をマイナスして計算する。よって、誤り。

【第26問】

正　解：⑵　　**（模擬問題）**

⑴　記述のとおり。よって、正しい。

⑵　貸付金は、「元本の価額＋既経過利息の価額」で評価する。よって、誤り。

⑶　記述のとおり。よって、正しい。

【第27問】

正　解：⑶　　　　　　　　　　　　　　　　　　　　　　　**（模擬問題）**

⑶　贈与があった日の終値で評価する。

第3章

相続と金融実務

第3章　学習の手引

テーマ	80回	81回
1．相続発生の情報入手と手続	○	○
2．遺産分割協議前の相続手続	○	○
3．遺産分割協議による相続手続	○	○
4．遺言書による相続手続	○	○
5．家庭裁判所における遺産分割の調停・審判等に基づく相続手続	○	○
6．相続財産清算人に対する相続手続	○	○
7．取引ごとの相続のポイント	○	○

1．相続発生の情報入手と手続

顧客の相続発生情報を入手した場合の対応、被相続人の死亡の確認、相続方法・相続人の確認等について学習する。また、最近利用が増加している法定相続情報証明について、しっかり理解しておきたい。本分野からは、毎回複数問出題されており、頻出テーマといえよう。

2．遺産分割協議前の相続手続

遺言、遺産分割協議書がない場合の相続手続、法定相続人の一部への払戻し、仮払い制度等について学習する。本分野からは、毎回1問程度出題されている。また、改正民法の仮払い制度が毎回出題されており、しっかりと理解しておきたい。

3．遺産分割協議による相続手続

遺産分割協議による相続について、提出書類とチェックポイント、遺言と異なる遺産分割について学習する。本分野からは、毎回1問程度出題されており、提出書類のチェックポイント等について、よく確認しておく必要がある。

４．遺言書による相続手続

遺言書による相続について、提出書類とチェックポイント、遺言の検認手続、遺言書が複数ある場合の問題点、遺言信託を利用した相続等について学習する。本分野からは、毎回１問程度出題されている。また、遺言書が複数ある場合についても出題されており、各分野についてよく理解しておきたい。

５．家庭裁判所における遺産分割の調停・審判等に基づく相続手続

家庭裁判所の調停調書による手続、審判書による手続、和解調書に基づく手続について学習する。本分野からは、毎回１問程度出題されており、それぞれの遺産分割手段がどのような場合に行われるのか、手続の違い等を理解する必要がある。

６．相続財産清算人に対する相続手続

2023年施行の改正法により、保存型相続財産管理制度が創設され、相続財産管理人は相続財産清算人へと変更となり、相続財産の管理・清算に関する規律が見直しされた。旧制度との違いについてよく理解しておく必要がある。

７．取引ごとの相続のポイント

預金相続、残高証明書の発行依頼、相続人が国外に居住している場合、生前振出手形・小切手、貸金庫取引、有価証券取扱、債務の相続、保証人の相続について学習する。本分野からは、毎回10問程度出題されている最頻出テーマであり、年々比重が高くなっている。それぞれの取引ごとの相続のポイントをしっかりと押さえた上で、理解を深めるようにしたい。

1．相続発生の情報入手と手続

（1） 相続受付時の手続

①相続発生に関する情報入手

相続人からの金融機関所定の手続による届出がない場合であっても、取引先について相続が発生した旨の情報を入手することがある。

この場合、当該情報がある程度信憑性があると思われる場合と、そうではない場合（情報の真実さが疑わしい場合）がある。

ア．信憑性がある場合

相続発生の情報に信憑性がある場合には、たとえば、

i）その取引先が地域で（あるいは全国的に）有名な者であって、相続発生の事実が報道機関等で報道された場合

ii）外訪活動等の際にその取引先の自宅近くを通りかかったところ、葬儀の案内等が出されていた場合

などが考えられる。このような場合には相続発生の事実についてはかなり確実であるといえよう。

このように相続発生について信憑性の高い情報を得た場合には、相続人等の遺族からの正式な届出等の連絡を受ける前であっても、

i）取引状況の確認

ii）取引停止の措置

等を講じるべきである。

イ．疑わしい場合

もし相続などは発生していない場合に、金融機関から一方的に取引を停止すると、取引先には無用の迷惑がかかる。

たとえば、預金取引を停止すべきでないにもかかわらず払戻を停止した場合、取引先が他行における支払手形決済資金の調達のために自行庫の預金の払戻を受けようとしたときには、その目的を達することができず、その取引先は不渡りの危険に直面することとなる。

また、融資元利金の約定弁済が停止すると、自ら意図しない融資利息の増嵩等を招くこととなる。

相続発生の情報が疑わしい場合に、その情報を妄信して取引を停止することは、取引先にとって、このような危険が生じる可能性が高いということである。金融機関にとっても、こうした取引停止は金融機関の過失に基づくものとして債務不履行または不法行為に該当する可能性も高い。

しかし、いかに疑わしい情報とはいえ、相続の発生が事実であることもあり得る。したがって、入手した情報が疑わしければ、これを放置することは妥当ではない。多少なりとも事実である可能性があるのであれば、情報の真偽を確認する必要がある。そのうえで情報に信憑性があると判断されれば前記のとおりの対応をとることとなり、全く虚偽の情報、誤報であると考えられる場合には、取引停止などの措置は講じないこととなろう。

②受付

取引先に相続が発生した場合には、法定相続人等の親族から、その事実の発生につき、所定の手続で届出を受けることとしている場合が多い。

その届出を契機として、以後の法定相続人の確認、取引上の権利義務を承継する者の確定、その者の本人確認等、円滑に取引先を交替することが容易となるからである。

この相続発生の受付は、それ以前に前述のような相続発生に関する情報の入手が先行している場合と、そうではなく、金融機関所定の届出によってはじめて相続発生の情報に接する場合とがある。

ア．相続発生の情報入手が先行している場合

相続発生の情報の入手が先行している場合でその情報の信憑性が高かったときには、前述のとおりすでに取引状況の確認と、取引停止の措置を講じているであろうから、原則としてこの点はあらためて対応する必要はないこととなる。

しかし、この届出を機会に、あらためて情報入手時の対応に誤りがなかったかを点検するとよいであろう。情報入手時にはとくに顧客からの書面の提出などはないことが通常であり、相続発生の事実は金融機関が単に推測しているにすぎない。このような状態での対応には慎重さに欠けることがないともいえず、万全の対応をとっているとは言いきれないからである。

相続発生の情報の入手が先行している場合でも、その情報は疑わしく信憑性が低いと判断していた場合には、特段取引状況の確認や取引停止の措置などは講じていないのが通常である。したがってこの場合は、次の「届出によっては

じめて相続発生の情報に接する場合」に準じた対応が必要となる。

イ．届出によってはじめて相続発生の情報に接する場合

法定相続人等の親族からの届出によって、金融機関がはじめて相続発生の情報に接する場合がある。

この場合には、この届出を契機として取引状況を確認し、取引停止の措置等を講じることとなる。

なお、実際に相続が発生してから届出までの間に、口座振替や自動約定弁済等で被相続人たる従来の取引先との間での取引が継続されてしまっていることがある。

しかしこの場合は、届出前の取引については相続発生の事実については金融機関は善意であり、しかも届出によってはじめて情報に接したというのであるから、通常は金融機関は無過失とされよう。金融機関が善意かつ無過失であれば、それまでの取引はやむを得ないものと考えられる。ただし、相続人の状況等に配慮して、金融機関が独自の判断で取引を復元することは問題ない。

（2） 取引内容の確認

相続発生の届出を受付け、あるいは信憑性の高い情報を入手した場合には、各種の確認を行わなければならないが、その第一は取引内容の確認である。相続発生の際は、その手続が完了するまでの間、一時的に取引停止の措置を講じるのが原則であるから、この措置を過不足なく行うためには、取引内容の確認は不可欠である。

取引内容の確認は、金融機関側独自の調査による確認と、法定相続人等からの届出に基づく確認の２通りがある。

金融機関側独自の調査方法としては、第一にオンライン端末機の照会操作における出力による確認がある。対顧客取引が行われる都度、それがコンピュータのオンライン端末機に入力され、その結果個々の取引記帳のみならず顧客ファイルにも反映・記録されるのが通常である。そしてその反映・記録は単一の照会操作で出力・確認することができる。

一方、コンピュータのオンライン端末機への入力に何らかの誤りがあり、または受付あるいは入力した内容が照会操作への出力に反映されるまでに多少のタイムラグがある場合もある。このような場合には、コンピュータのオンライ

ン端末機の照会操作だけでは正確に取引内容を把握することはできない。この点を補完するのが法定相続人等からの届出に基づく調査・確認である。

法定相続人等からの届出は、そもそも金融機関のコンピュータのオンライン端末機に入力や出力データへの反映のタイミングなどは考慮されていないからである。しかしもとより法定相続人等からの届出が完璧なものとはいえない。届け出るのは法定相続人等の遺族であって本人ではないからである。

その意味で、金融機関側独自の調査が、法定相続人等からの届出を補完するという意味もあり、両者は相互に補い合う関係にある。

金融機関としてはこれらの両者の方法によって取引内容を調査・確認すべきこととなる。

（3）　被相続人の死亡の確認

相続の発生すなわち取引先の死亡は、周辺からの情報入手や法定相続人からの届出によって知ることとなるが、万一、その情報等の内容に誤りがあれば、実は死亡していなかった取引先には経済的精神的に多大な悪影響を及ぼす。したがって、その後の手続を進めるためのみならず、このような不都合を顧客が被ることを避けるためにも、相続発生の事実を確認する必要性は高い。

またこのような高度の必要性を持つから、多くの金融機関では、相続発生の事実の確認は、一定の公的書類によることとしている。遺族や近隣の住民に対し「本当に死亡したのか」などとヒアリングすることは極めて不躾で配慮に欠けるため、通常はこうした公的書類の呈示を待つことを原則としたい。

死亡の事実は、親族、同居人等一定の範囲内の者が、死亡の事実を知った日から原則として７日以内に死亡届出書によって市町村長に届け出なければならない。しかも死亡届出書には死亡診断書または死体検案書の添付が必要とされている（戸籍法86条、87条）。そして、適法な死亡届書が提出されれば死亡の事実は戸籍に記載される。したがって死亡の事実が記載された戸籍は極めて信憑性が高いため、金融機関はこの全部事項証明書の提出をもって、相続発生の事実を確認することとしているのが一般的である。

ただし、前記の死亡届出書に死亡診断や死体検案書が添付されて市町村長に届け出された後は、その死亡届出書が受理されないということはほとんどないため、全部事項証明書によらず、死亡診断書や死体検案書をもって相続発生の事実を確認することが可能な場合もある。

(4) 相続に関するヒアリング

一般に金融機関がヒアリングすべき「相続の状況」とは、相続人間での遺産分割の協議状況、あるいは債務を引き受ける者に関する協議の進行状況などである。すなわち相続の発生後、最終的に被相続人の権利・義務を承継する者の検討・決定にかかわる状況を把握することが必要なのである。

(5) 相続方法・相続人の確認

①相続方法

「相続方法」には、法定相続人等相続人側でそもそも相続財産をどのように分配するかを決するための方法、という場合と、金融機関において、それぞれの取引の取引先・名義をどのように変更するかの方法という場合がある。

ア. 法定相続人側における相続方法

前者については主として、

ア. 遺産分割(協議・調停・審判)に基づく分割

イ. 遺言に基づく分割

の2通りの方法がある。金融機関としては、原則として、遺言→遺産分割に基づく分割、という順で優先することとなる。すなわち、遺言があれば原則としてそれに従い、遺言がない場合には、法定相続人間の遺産分割(原則として協議。協議が調わない場合は調停、調停も成立しなければ審判)を促す。

しかし、遺言があっても受遺者が法定相続人の中に含まれ、かつ遺言執行者も定められていないような場合で、法定相続人全員の遺産分割協議が調っているのであれば、金融機関は遺言ではなく、この遺産分割協議に従う。

ここで注意すべきは、遺留分の侵害と債務の相続である。

遺言の内容が一定の法定相続人の遺留分を侵害している場合は、侵害された相続人は遺留分侵害額請求権を取得し(民法1046条以下)、遺留分侵害額に相当する金銭の支払いのみを請求できることとなった。

遺留分の侵害は、原則として相続人間の争いではあるが、金融機関がそれに巻き込まれることは珍しくなかった。しかし、改正民法が施行されたことにより、その規律に従えば、受遺者への払戻し自体は有効な払戻しとなり、遺留分権利者は受遺者に対して遺留分侵害額を請求することにより、遺留分侵害額相当の金銭支払いを請求することになるので、金融機関の受遺者に対する払戻しが問題となることはなくなると考えられる。

ただし、遺留分侵害額請求権行使の執行または前提として、金融機関の預金等に（仮）差押などがあることも想定でき、遺言に基づいて名義変更等を行う場合には、可能であれば、遺言の内容が遺留分を侵害していないかをチェックし、侵害している場合は、法定相続人間で紛議が生じるおそれがあることを法定相続人に説明するといった対応をとる必要もある。

さらに、融資等債務の相続では、金融機関の同意・承諾を要し、金融機関との間での契約締結が必要となる場合があることに注意したい。

イ．金融機関取引における相続方法

金融機関取引における相続方法は、預金等権利の相続と融資等債務の相続に分けて考えることができる。

前者の場合には、主に名義変更か、解約・払戻が行われる。

後者の場合には、通常は債務引受け（免責的または併存的）が行われるか、返済される。

②相続人の確認

ア．法定相続人の確認

法定相続人は、

ｉ）遺言における遺留分侵害の有無

ⅱ）遺産分割協議の有効性（全ての法定相続人が参加しているか）

ⅲ）その他一部の法定相続人との紛議の可能性の有無

等を見極めるために必要である。金融機関における相続に関する手続や内規においても、中心的地位を占めていることが多い。法定相続人と法定相続分については民法に詳細な規定がある（民法900条等）。

法定相続人となる者の範囲はこの規定によるが、具体的にいずれの者が該当するかは、基本的には全部事項証明書を確認することによる。

イ．法定相続人以外の権利義務の承継者の確認

金融機関の取引においては、法定相続人以外の者が権利義務を承継することがある。そのような場合には、それら権利義務の承継者を確認する必要がある。

このような者には、

ⅰ）遺言の受遺者や遺言執行者

ⅱ）相続財産清算人

などがある。これらの者は全部事項証明書では確認できないため、遺言の受遺者や遺言執行者はもちろん遺言書の記載をみて確認する。受遺者を確認する際にあわせて確認すればよい。

ウ．法定相続情報証明制度による確認

窓口に提出された書類一式について金融機関が行っている相続人の確認手続については、17 年 5 月より「法定相続情報証明制度」が開始されており、本手続を省略することが可能となっている。

法定相続情報証明制度とは、登記所（法務局）に戸除籍謄本等の束を提出し、併せて相続関係を一覧に表した図（法定相続情報一覧図）を提出すれば、登記官がその一覧図に認証文を付した写しを無料で交付するというもので、その後の相続手続は，法定相続情報一覧図の写しを利用すれば、戸除籍謄本等を何度も提出する必要がなくなり、金融機関にとっても本証明書を提出してもらえば、上記の確認を省略することができる。

2．遺産分割協議前の相続手続

16 年 12 月 19 日、最高裁が、これまで相続預金は遺産分割の対象外としてきた判例を変更して、相続預金は不可分債権であるとしたため、相続開始と同時に当然に相続分に応じて分割されることなく、遺産分割の対象となる。本決定により、遺言がない場合や相続人全員の同意がない場合は、銀行は原則として預金債権の払戻に応じることはできないと考えられる。

（1）　遺言、遺産分割協議書がない場合の相続手続

遺言がなく、遺産分割（協議、調停、審判を含む、以下同じ）も行われない場合、被相続人の預金は、法定相続人全員がその持分を準共有している状態であるため、法定相続人全員に対して全額を支払うか、相続人全員の合意により分割された自己の持分割合に相当する金額を分割して支払う、または名義変更することとなる。

（2）　法定相続人の一部への支払

遺言がある場合にその受遺者へ支払うときや、遺産分割が行われた場合にその内容に従って支払うときにも、法定相続人の一部への支払が行われることがある。また、遺言がある場合、その受遺者が法定相続人でないこともある。その場合は、法定相続人の一部ではなく、法定相続人ではない者に支払うこととなる。

葬儀費用の他、被相続人の生前の入院費用など、被相続人のために必要であった費用に充てるためであれば、最終的にいずれの者が預金を承継しても、金融機関や他の相続人との間で、その支払をめぐって紛議が生じる懸念は事実上極めて小さい。

ただし、この場合は「資金使途が被相続人のためのもの」であることが大きな拠り所であるから、例えば葬儀社からの請求書など使途の裏づけとなる資料の呈示を受け、場合によってはその支払を自行庫からの振込とするなどが望ましい。

①法定相続人の一部からの支払請求→拒絶が原則

②一部支払可能な支払請求の応諾→資金使途の裏づけ、自行庫からの振込

（3）　仮払い制度

遺言がない場合、被相続人の預貯金は相続人全員のものとされ、遺産分割の対象財産に含まれることになる。したがって、相続人が複数いて、遺産分割協議前あるいは調停、審判が進行中などの場合には、その払戻事由が、被相続人の入院治療費や葬儀費用の支払い、あるいはそれまで被相続人に扶養されていた相続人の当面の生活費などのためであっても、これまでは、各相続人は単独で当該預貯金を払戻すことはできなかった。

これでは相続が発生した場合に相続人が当面の支払いに困ることになるため、改正民法で次の２つの仮払い制度が新設され、19年７月より払戻しが認められている。

①家庭裁判所の仮分割の仮処分の要件緩和

仮払いの必要性があると認められる場合には、他の共同相続人の利益を害しない限り、家庭裁判所の判断で仮払いが認められるようになった。

②家庭裁判所の判断を経ることなく払戻しができる制度の創設

遺産の預貯金の一定額については、単独での払戻しが認められるようになった。その一定額とは次の式で算出される金額をいう。

単独で払戻しできる金額＝相続開始時の預貯金額×1/3×当該預貯金の払戻しを行う共同相続人の法定相続分

ただし、同一金融機関で払戻しができる金額は、150万円までである。

（4） 自動引落しに関する対応

①原則

委任契約は委任者（すなわち預金者）の死亡によって終了する（民法653条）。したがって金融機関が相続の発生したことを知ったときには、相続預金口座からの自動引落し処理を停止する等するのが原則である。

②例外

しかし金融機関が相続発生の事実を知っても、口座振替処理を停止しないこともできる例外がある。

その第一は「商行為の委任」（商法505条）である。被相続人がいわゆる個人事業主であって、当該事業資金の支払・受取等事業のために保有していた口座について、その事業のための口座振替処理を行っていた場合には、その口座振替のための自動引落し処理は停止せずとも差し支えない。

ただし随時その事業が行われていた拠点を訪問する等して、事業の継続・閉鎖等の状況を把握しておく必要がある。

第二は、口座振替・自動引落しに係る委任契約が、被相続人の死亡後も継続してその処理を行うことをその趣旨・内容としていた場合である。たとえば、生前の自宅における電気代等の公共料金について、生前の使用に関するものは相続発生後も口座振替・自動引落しを行うというものである。第一のケースよりさらに例外的であるが、口座振替契約にその旨が付記されている場合や、そうでなくとも被相続人のそうした意思が推認できる場合がこれにあたる。

ただしこれらはあくまでも「例外」である。遺言、遺産分割が行われない間に被相続人名義預金口座からの口座振替、自動引落しは、できれば何らかの書面で法定相続人全員の同意を得ておくことが無難である。安易にこのような例外的取扱を行うことは慎みたい。

（５）　分割前の名義変更

2016 年 12 月 19 日の判例変更により、相続預金は遺産分割の対象となったため、原則として相続人全員の同意がないと払戻しや名義変更はできない。

これを受けて、相続法が改正され、仮払制度（民法 909 条の 2）が設けられたのであるから、仮払制度の限度額を超えて分割前に名義変更の依頼があった場合は、原則として謝絶する。

＜一部の法定相続人への名義変更＞
法定相続人間で争いがあることも
→仮払制度の限度額を超える場合は、原則として「謝絶」する。

３．遺産分割協議による相続手続

（１）　提出書類とチェックポイント

遺言がない場合等で遺産分割協議により相続預金を支払うときに、金融機関が提出を受けるべき代表的な書類は次のとおりである。

ア．遺産分割協議書

イ．払戻請求書、領収書

ウ．相続預金の通帳、証書

エ．本人確認書類

以下、それぞれの書類のチェックポイントを挙げる。

①遺産分割協議書

ア．協議参加者

遺産分割協議は原則として法定相続人全員が参加していなければ無効とされている。したがって、遺産分割協議書の提出を受けたときにチェックすべき第一のポイントは、そこに法定相続人全員の署名・押印があるかどうかという点である。

イ．分割債権

次に、遺産分割協議書中にある遺産とその分割方法の記載によって、自行庫の預金がどのように分割されるのかをチェックすることが必要になる。

ウ．本人確認

預金の支払、名義変更の場合に、その請求者の本人確認を行うべきことはいうまでもない。これは相続手続においても同様である。

ただし、遺産分割協議の場合には、支払・名義変更の相手方でない者の本人確認を行うことがある。前記のとおり協議には法定相続人全員が参加していることが必要であることから、協議への参加者、署名・捺印者の本人確認を行う場合である。

この場合の本人確認は、

ⅰ）遺産分割協議に法定相続人が真に全員参加しているか

ⅱ）遺産分割協議の内容が法定相続人の意図に沿ったものか

をチェックするのが主たる目的である。したがって本人確認方法は各金融機関で、確信が持てる方法をとることとなる。遺産分割協議書の作成までの間にすでに金融機関と接触があり、その意思がある程度把握できていて遺産分割協議書の記載内容とも一致している場合には、本人確認方法は比較的簡便な方法でもよいであろう。逆に遺産分割協議書が提出されるまで法定相続人本人とはまったく接触・面識のない場合にはある程度厳格な方法を講じることも考えられる。いずれにしろ、「必ず印鑑証明書を添付」といった硬直的な手続・対応に拘泥することは、必ずしも得策ではなく、顧客が他の方法を希望しておりその事情も首肯でき、かつ金融機関も確信が持てるのであれば、ある程度柔軟に対応することもできよう。

②払戻請求書、領収書

ア．払戻請求者および記載事項

払戻請求書はいうまでもなくこれを請求する者から提出を受ける。すなわち遺産分割協議の結果、自行庫の相続預金を承継することに決した者が請求者であり、払戻請求書の名義人となる。払戻請求書には、多くの場合、

ⅰ）払戻を請求する預金は被相続人の相続財産であったこと

ⅱ）請求者は遺産分割協議によってその権利を承継することとなったこと

を付記することとしている。これらは法律上必須のものではないにしろ、付記すれば遺産分割協議によって預金を支払うことが明確になる。

イ．領収書について

領収書は支払を行う場合に必要となる。名義変更の場合に領収書の提出を受けるときには、変更後の通帳または証書を交付したうえで、その通帳または証書の「受取書」「受領書」とする。

ウ．本人確認について

遺産分割協議書による相続預金の支払も、預金の支払であることには変わりはないから、原則として犯罪収益移転防止法の規定に則った本人特定事項の確認を行うべきである。名義変更の場合も新規預金口座の開設に準じた本人確認を行うとよい。

③相続預金の通帳・証書

通帳・証書の提出を受けるのは、支払または名義変更がなされる前の通帳または証書が世間に出回る事態を避ける意味が大きい。名義変更前の通帳または証書が回収されずに残ると、それがいわゆる見せ金等に悪用される危険がある。しかしこのような場合に法定相続人や金融機関が被る危険は間接的・観念的なものに留まることも多い。また被相続人が生前に通帳や証書を保管していた場所が不明で事実上提出できないこともあろう。届出印についても同様のことが言える。

したがって、通帳または証書の提出は法定相続人や金融機関の危険を軽減する意味では重要であるが、提出できない事情があり、かつその危険は大きいものでないと判断できるのであれば省略することも検討できる。

④本人確認書類

遺産分割協議書、払戻・名義変更における本人特定事項の①ウ．、②ウ．の確認はそれぞれの項目のとおりである。

（2）　遺言と異なる遺産分割

①原則

相続預金の支払または名義変更は、遺言がある場合はその遺言によるのが原則である。遺言は本来相続預金の預金者であった被相続人の意思によるものであり、遺産分割は法定相続人（審判の場合は家庭裁判所）の意思によるものだからである。

ここで「遺言がある」「遺産分割が行われている」という場合は、それぞれ「遺言書に自行庫の預金の遺贈に関する記述がある」「自行庫の相続預金の分割、承継に関する記載がある」ということを意味し、単に遺言書や遺産分割協議書が存在する、というだけではない。遺言書が存在しても、そこに自行庫の相続預金がどのように遺贈されるのかが書かれていないときは、遺言がない場合と同じであり、また遺産分割協議書に自行庫の相続預金がどのように分割、承継されるのかが読み取れる記述がなければ、そもそも遺産分割が行われていない場合と同じだからである。

②例外

民法907条により、遺言と異なる遺産分割を行うことは可能であるが、以下の条件を満たしている必要がある。

ア．被相続人が遺言と異なる遺産分割協議を禁じていない。

イ．相続人全員が遺言の内容を知っており、その内容と違う遺産分割を行うことについて全員が同意している。

ウ．相続人以外の者が受遺者である場合には、その受遺者が同意している。

エ．遺言執行者がいない。

これらの要件を満たなければ、結果的には、遺言書と異なる遺産分割協議は有効とならないと考えられる。

アについては、遺言は被相続人の最後の意思表示であり、相続人はそれを最大限尊重しなければならない。遺言者が遺言と異なる遺産分割を禁じている場合、相続人はその意思に従い、遺言と異なる遺産分割をすることができない（民法907条）。

イについては、遺言と異なる遺産分割を行うためには、相続人全員の合意が必要であり、遺産分割協議に相続人全員が参加していなければ無効となる。

ウについては、相続人以外の受遺者の同意というのは、遺言による遺贈の権利を放棄する意思表示ということである。受贈者が遺贈の放棄をすれば、財産は、遡って相続人のものとなり、遺言と異なる遺産分割協議をすることが可能となる。

エについては、旧民法1015条では「遺言執行者は,相続人の代理人とみなす」とされていたが、改正民法では、遺言執行者は、遺言の内容を実現するため、相続財産の管理その他遺言の執行に必要な一切の行為をする権利義務を有し（同法1012条1項）、遺言執行者がある場合には、遺贈の履行は、遺言執行者のみが行うことができる（同条2項）ことが明確化されている。さらに、遺言執行者がある場合、相続人は、相続財産の処分その他遺言の執行を妨げるべき行為をすることができず（同法1013条１項）、これに違反してした行為は無効となる（同条２項）。

よって、遺言者の意思と相続人の利益とが対立する場合、遺言執行者は遺言者の意思を実現するために職務を遂行することになると考えられる。

4．遺言書による相続手続

（1）　提出書類とチェックポイント

遺言により相続預金を支払または名義変更する場合の提出書類は次のとおりである。

ア．遺言書

イ．払戻請求書、領収書

ウ．相続預金の通帳、証書

エ．本人確認書類

以下それぞれの書類のチェックポイントを挙げる。

①遺言書

ア．遺言書の形式

遺言書にはさまざまな種類のものがあるが、その形式は法定されている。法定された方式に従っていない遺言は遺言としては無効である（民法960条）ので、遺言書の提出を受けた際のチェックポイントの第一は、それが法定された形式に従っているか、ということである。

ただし、秘密証書遺言の場合は、それが法定の形式に欠けていたとしても、自筆証書遺言の形式を具備していた場合には、自筆証書遺言としての効力を有するとされている（民法971条）。

イ．分割方法

遺言における分割方法に関するチェックポイントは基本的に遺産分割協議書と同様である。

遺言中の記載で自行庫の相続預金がどのように遺贈されるのかが読み取れれば、その記載に従えばよいが、自行庫の相続預金の遺贈関係が読み取れなければ、遺言はないものとして取扱う必要がある。

ウ．本人確認書類

遺言書のチェックにおいては基本的には本人確認書類の提出の問題は生じない。遺言書の作成者は被相続人であって、相続手続の中で被相続人の本人確認を行うことは意味がないからである。

②払戻請求書、領収書、相続預金の通帳・証書、払戻・名義変更時の本人確認書類

遺言書以外の書類（払戻請求書、領収書、相続預金の通帳・証書、払戻・名義変更時の本人確認書類）に関するチェックポイントは、遺言による場合も、遺産分割による場合と基本的には同様である。

（2）遺言の検認調書の確認

遺言が執行されるためには、公正証書遺言を除き、相続開始地または遺言者の最後の住所地を管轄する家庭裁判所で検認の手続きを経なければならないとされている（民法1004条）。検認とは、家庭裁判所が相続人や利害関係者の立会いのもと、遺言書を開封してその内容を確認する手続きである。つまり、遺言書の保存を確実にして、後日の変造や隠匿を防ぐ一種の証拠保全手続である。

申立人は遺言書と同時に、相続関係図と戸籍謄本類一式を裁判所に提出する。戸籍謄本類一式に代えて、法定相続情報証明制度における法定相続情報一覧図の写しを提出することも可能である。封筒開封の有無や遺言書の枚数、紙質、大きさ、書体、加除訂正の有無、筆記用具の種類、印影の有無、形状等は、検認期日調書（以下、検認調書）に記載される。金融機関に提出してもらうのは、検認調書の謄本である。謄本は、裁判所のパンチ穴があり、遺言書の写しが一緒に綴じられ、以下のような形式となっている。

**「これは謄本である。
令和○年○月○日
○○家庭裁判所
裁判所書記官○○○○　印」**

検認を受けるには、相続関係図と戸籍謄本類一式または法定相続情報一覧図の写しを裁判所に提出するが、その際には、原本還付（添付書類を他の用件でも使いたいときに、裁判所で確認が終了した原本を還付してもらう制度）をあらかじめ裁判所に申し出ていれば一式返還してくれることが多い。もし、相続人等金融機関の窓口で手続きする人が、裁判所から戸籍謄本類一式の原本還付を受けていれば、そのまま金融機関に提出してもらう。また、検認に出頭した相続人には、審問が行われ、審問調書が作成されるため、併せて提出してもらう。なお、検認は遺言の方式に関する一切の事実を調査して遺言書の状態を確定しその現状を明確にするものであって、遺言書の実体上の効果を判断する裁判ではない（大決･大 4.1.16）。もし、提出をうけた審問調書に、相続人の「この遺言書は被相続人の筆跡ではありません。」等という審問内容が記載されていれば、遺言書の有効性を巡って争いが発生する可能性が極めて高い。この場合は、遺言書に従って払い戻して、後で遺言書が無効と裁判等で確定した場合、金融機関は悪意又は過失を疑われる可能性があり、注意を要する。検認を経ているからといって、有効な遺言書とは限らない。

なお、「封印のある遺言書は、家庭裁判所において相続人又はその代理人の立会いがなければ、開封することができない（民法 1004 条３項）」とされているので、相続人が封印のある遺言書を金融機関の窓口に持ってきた場合、その場で開封して、写しをもらう等ということをしてはならない。特に、相続人全員の立会の下、被相続人が契約していた金融機関の貸金庫を開扉し、その中から封印のある遺言書が発見された場合は、注意が必要である。

（3）　受遺者からの申出への対応

①申出内容

申出内容としては、

ア．相続預金の受遺者への支払

イ．相続預金の受遺者への名義変更

の両者が考えられる。適法な遺言の内容に基づいた申出である限り、これに応じて基本的に差し支えない。この場合、書類の提出を求め、その結果提出された内容をチェックする。

②留意点

受遺者からの申出時のさらなるチェック事項として、

ア．遺言執行者は定められていないか

イ．遺贈内容は遺留分を侵害していないか

について注意する必要がある。

ⅰ）遺言執行者について

金融機関は遺言執行者の有無を確認する。その結果、遺言執行者がいるときには、受遺者の申出により相続預金を受遺者に支払または受遺者名義に名義変更することはできない。

なお、遺言執行者がいる場合でも遺言の内容が、自行庫の預金を申出の受遺者に遺贈する旨となっていれば、申出に応じても差し支えないようにも思える。しかし、遺言執行者がいる場合には、法定相続人は相続財産の処分その他遺言の執行を妨げるべき行為をすることができないとされている（民法1013条）。そして遺言執行者がいる場合に法定相続人が行った処分行為は判例上無効とされている（大判昭5.6.16）。

③遺留分の侵害について

遺留分は、そもそも相続発生時に被相続人に属していたすべての財産のほか、被相続人が相続発生の1年前以降に贈与した財産等を考慮したうえで決せられる（民法1044条等）。したがって遺言の記載だけから、それが遺留分を侵害する内容かどうかを確定することはできない。

また、遺留分の侵害があっても、その回復の請求（「遺留分侵害額請求」という）は、受遺者に対して行えばよいとするのが判例であり（最判昭41.7.14）、金融機関は遺留分の侵害を考慮する必要はないといえる。

しかし、遺言に記載されている以外には遺留分の算定において考慮すべき財産にはこれといったものがないことが判明しており、しかも相続財産は、複数の法定相続人のうちの一部または法定相続人以外の者に全額遺贈するような内容となっていれば、それは遺留分を侵害するものであることが強く推認される。また遺留分の侵害、侵害額請求があれば、自行庫の預金に対する差押、その他各当時者からの苦情や問い合わせ等の影響が及ぶ。

したがって、遺留分を侵害する内容の遺言であっても、それに従った支払または名義変更の請求があれば、それ自体を拒むことは困難であるが、支払または名義変更を請求する受遺者には、

ア．侵害額請求の可能性があること

イ．遺留分侵害の有無等で争いが生じたときは受遺者・法定相続人（遺留分権者）の間で解決すべきことを念押しておくこと

が望ましい。

(4)　遺留分侵害額請求があった場合

遺留分を侵害した内容の遺言であっても、遺言書自体の効力がなくなるわけでもなく、これに従った遺贈が無効になることもない。ただ単に遺留分を侵害された者は他の受遺者・相続人または遺言執行者に対し遺留分侵害額請求ができるだけにすぎず、払出をした金融機関が相手方となるわけではない。

(5)　遺言執行者からの申出への対応

遺言執行者からの申出に応じて相続預金を支払うということは、遺言執行者がいること、そしてそのことを確認していることが前提である。

なお、遺言執行者が正式には就職していない、あるいは辞退していることも考えられよう。

しかし就職前であっても、法定相続人は相続財産の処分その他遺言の執行を妨げるべき行為をすることができないとする民法の規定は適用があるとされている（民法1013条）。したがって、遺言執行者が就職していないからといって安易に受遺者に支払うことは避けることが無難である。また、遺言執行者の指定の委託があるときは、その委託を受けた者は遅滞なくその指定をして、これを相続人に通知すべきこととされている（民法1006条）。したがって遺言執行者の指定の委託があるにもかかわらず、その指定がなされていないということは異例なことである。このような場合には、遺言書の提出者を通じる等して指定の委託を受けた者に、事情を聴取する等の配慮が必要となる。

(6)　遺言書が複数ある場合

①遺言書が複数ある場合の問題点

遺言に基づいて相続預金を受遺者または遺言執行者に支払うまたは名義変更しようとするときで、遺言書が複数ある場合の問題は、どの遺言に基づいて支払または名義変更すべきか、という遺言書間の優劣の問題に尽きるといってよい。

②矛盾抵触する遺言の優劣

一般に遺言書が複数存在する場合には、その日付が新しいものが優先する。これは、前の遺言が後の遺言と抵触するときは、その抵触する部分については、後の遺言で前の遺言を撤回したものとみなすとの民法の規定による（民法1023条1項）。

またその場合、前の遺言と後の遺言は同一の方式である必要はないとされている。

③遺言が複数ある場合に関する留意点

ア．原則

遺言が複数ある場合には、その日付の新しいものを優先し、それによって相続預金の支払または名義変更を行うべきである。

そして、後の遺言が単に前の遺言を撤回ないし取消す旨の遺言であれば、結局遺言はないものとして取扱うこととなる。

イ．撤回の撤回

前の遺言を撤回する旨の遺言があり、さらにその（撤回する旨の）遺言を撤回する旨のより新しい遺言がある場合は、最初の遺言は復活しないとされている（民法1025条）。このような場合も遺言はないものとして取扱い、最初の遺言に基づいた支払または名義変更はできない。

ウ．複数あることが曖昧な場合

実際に複数の遺言があることが判明していれば、その場合の取扱は以上のとおりである。しかし、法定相続人または受遺者・遺言執行者（と称する者）から「他の遺言がある」とのみ主張されるものの、当該遺言が示されない場合がある。このような場合には、その日付や内容を確認できないから、どの遺言を優先すべきなのかが確定できない。一方で複数の遺言がある可能性があるから、すでに判明している遺言と、その内容を聴取するだけで支払に応じれば、結局無権限者に支払うことにもなりかねない。ここでも金融機関としては、無権限者に支払って正当な権限者の権利を侵害することは避けなければならない。

したがってこの場合は、次のいずれかの方法によることを検討する。

ｉ）主張されている「他の遺言」の呈示を求める。
⇒呈示されれば前記に沿って優劣を判断する。

ⅱ）期限を切って催告しても呈示されない場合には、すでに判明呈示されている遺言に従って取扱う旨を通告し、それでも呈示がなければ判明呈示されている遺言に従って支払うかまたは名義変更する。

（7）遺言信託を利用した相続

①遺言信託とは

遺言は遺言者が行う相手方のない単独の意思表示であり、遺言者の死亡によって効力を生ずる（民法985条）。遺言が効力を生じた後に、遺言の内容を実現するために必要な行為を行うことを遺言の執行という。また、遺言によって設定される信託を遺言信託という（信託法２条）。

遺言信託は、遺言による財産処分であり、遺言者から受益者に対する遺贈の一種であるといえる。

遺言者の意思が単に受遺者に財産を与えることにある場合には、遺言書にその旨を記載し、信頼に足る人物を遺言執行者として遺言書に指定しておけば、その目的を達することは可能であるが、遺贈の目的がその財産により自分の意図する公益のために役立てたいとか、自分の死後の遺族の生活等の資金に充てるためである場合には、単なる遺贈ではその目的を十分に果たすことができないこともある。このような場合は遺言信託を活用し、遺言者（委託者）は自分の死後、遺贈しようとする財産を信託銀行（受託者）に信託し、受遺者を受益者に指定して、信託財産の管理・運用によって得られた成果を受託者から受益者に交付するスキーム（遺言による公益信託・私益信託）ができれば、遺言者の意思は安全かつ確実に実現できる。

②遺言信託と一般の信託との異なる点

信託はそもそも、通常は委託者と受託者との間で契約により設定されるが、遺言信託は委託者の単独である遺言によって設定される。遺言信託は一種の遺贈であると考えられることから、民法上の遺言・遺贈の規定が適用あるいは類推適用されるなど、一般の信託とは取扱いを異にすることがある。その主要なものは次のとおりである。

ア．成立要件

遺言信託の成立要件は、遺贈と同じく遺言が民法上有効になされていることである。遺言により信託を設定する場合は信託の目的たる財産を明確にするとともに、当該財産をもって信託を設定する意思が明確に表示されていなければならない。信託財産となる財産が遺言者が死亡した時点においてその相続財産に属していないときは、原則としてその限度において信託行為は無効となる（民法996条)。

また、信託法第1条の解釈として、当初信託財産とすることができるものは債務（消極財産）を含まない積極財産でなければならないとされている。したがって包括遺贈のように「相続財産の全部」または「相続財産の○分の一」という形で遺言信託を行うことはできない。

イ．効力発生要件

遺言は遺言者の死亡のときから効力を生じるので（民法985条)、遺言信託も遺言者の死亡の時から効力を生ずる。

ウ．受託者

遺言によって受託者に指定された者が、その信託を引き受けるか否かは自由である。受託者として指定された者が、その引受けを拒絶した場合または引受けが不可能である場合で、遺言の別段の定めがないときは、利害関係人の請求により、私益信託の場合は裁判所、公益信託の場合は主務官庁が受託者を選任する。遺言において受託者の指定がなされていない場合も同様である。なお、公益信託の場合は、主務官庁が職権で受託者を選任することもできる。

エ．受益者

遺言信託では、遺言者自身は遺言の効力が発生するときには死亡しているため、自益信託はありえず、すべて他益信託となる。

受益者に指定された者が遺言者の死亡以前に死亡したときは、遺言信託はその効力を生じない（民法994条)。また、遺言者との関係で相続人または受遺者となることができない者は、遺言信託の受益者となることができない（民法965条、891条、966条)。

オ．遺留分

遺言信託も遺贈と同様に遺留分に関する規定の適用を受ける。遺留分を侵害する内容を含んだ遺言も当然に無効となるのではなく、遺留分権利者の遺留分侵害額に相当する金銭の支払の請求に服するにとどまる（民法1046条)。

５．家庭裁判所における遺産分割の調停・審判等に基づく相続手続

（１）調停調書による手続

①調停調書が作成される場合

遺産分割については法定相続人間での協議が調わない場合には、各相続人は、その分割を家庭裁判所に請求することができる。協議をしても合意に達しない場合だけでなく、そもそも協議ができないときも同様である（民法907条）。

遺産分割協議が調わない場合に、家庭裁判所に請求できる手続としては調停と審判がある。遺産分割についてはいわゆる調停前置主義（審判手続を行うためには、事前に必ず調停を申し立てなければならないという原則）を定める法の規定はない。したがって、遺産分割について調停ではなく直ちに審判を申立てることも、法令上は可能である。しかし現実には家庭裁判所は、まず調停を申立てることを促し、そこで調停が成立しない場合にはじめて審判手続を行うこととするのが通常である。

すなわち、法定相続人が遺産分割の協議を行ったが、合意に至らないときや、そもそも協議ができないときに家庭裁判所での調停が行われ、そこで合意が成立した場合に調停調書が作成される。

②調停調書による手続

調停調書による相続預金の支払・名義変更の手続は、遺産分割協議書による手続に類似する。調停調書のチェックポイントも遺産分割協議書のそれと基本的には同様である。

ただし遺産分割の調停が行われ、そこで合意が調っているということは、当該調停手続においては、法定相続人全員が揃っている蓋然性が高いということができる。そして調停段階において家庭裁判所では何らかの本人確認・意思確認ができている蓋然性も高い。したがって、法定相続人の範囲の確認、自行庫の預金を承継し、支払または名義変更の相手方となる者以外の本人確認、意思確認を省略することも考えられる。ただ、これらの確認は家庭裁判所で行われているものであり、自行庫において行われているものではないから、自行庫で支払または名義変更の手続を行う際に改めてこれらの確認を行うことにも十分な合理性がある。ここでは法定相続人の範囲や全員の本人確認・意思確認が行

えない場合であって、そのことがやむを得ないと思われる場合に一種の便宜扱として法定相続人の範囲や全員の本人確認・意思確認を省略することが無難である。

（2）審判書による手続

①審判書が作成される場合

遺産分割について家庭裁判所の審判が行われるのは、前記のとおり、通常は、調停が行われてもなお、合意に至らない場合である。法令上は調停を経ずにただちに審判に入ることも可能であるが、家庭裁判所は実際には、審判の前にまず調停を行うことを促すのが通常であることも前記のとおりである。そしてその結果（注）として家庭裁判所で作成されるのが審判書である。

（注）　家庭裁判所は遺産分割の審判を行うにあたり、法定相続分のほか、特別受益者の相続分（民法903条）、寄与分（民法904条の2）なども勘案する。

②審判書による手続

家庭裁判所は審判を行う際、前記のとおり法定相続分その他を考慮するため、その前提として、法定相続人の範囲を確認する。したがって、審判書には法定相続人全員が列挙されている蓋然性が一層高く、その確認を省略することに伴うリスクはきわめて小さいと言える。

ただし、家庭裁判所の審判が行われたということは、事前に法定相続人間の協議が行われていないか、行われたものの合意が調わなかったことを意味する。さらにその争いが家庭裁判所に持ち込まれ、同裁判所が間に入ってもなお合意に至っていないのが通常である。したがって、遺産分割の審判が行われたことは、遺産分割の結果に不満を持っている法定相続人がいる可能性が非常に高いのである。それが自行庫の預金の承継に関するものであれば、手続後になお、苦情・不満が申立てられる懸念がある。

法定相続人の範囲や各相続人の本人確認等を行い、また省略するときには、将来のトラブルの可能性なども考慮したうえで決することが望ましい。

（3）和解調書に基づく手続

遺産分割については、以上のとおり協議、調停、審判という手続を経るのが原則である。金融機関はその結果としての、協議書、調停調書、審判書の提出を受け、これを確認して支払または名義変更の手続を行う。

ただこれらの手続によらず、訴訟が提起され訴訟上の和解が行われることがある。ここで合意が成立すれば和解調書が作成される。

しかしながら相続・遺産分割に関する訴訟には様々なものがあり、その結果として作成された和解調書において、自行庫預金の分割結果が記載されているとは限らない。たとえば、

ア．遺産分割の前提としての法定相続人の範囲に争いがある場合の訴訟で、法定相続人の範囲が確定したとしても、それだけでは遺産分割の結果は判明しない。

イ．既存のいずれかの遺産分割協議書の有効性が争われた事件においては、無効を確認するとのみの和解ではその後の分割結果までは判明しない。

等々の事情がある。これらの場合には、自行庫預金の分割結果につき、なお遺産分割（協議、調停、審判）を必要とする。いずれにしろ提出された和解調書で自行庫預金の承継内容が確定するかどうかを確認する必要があり、確認できなければさらに自行庫預金に関する権利がどのように承継されるのかを聴取し、確認する必要がある。

６．相続財産清算人に対する相続手続

（１）　相続財産清算人が選任される場合

相続財産清算人は、相続人が不存在または存在することが明らかでないときに選任される（民法952条）。

相続人が存在しないか、存在することが明らかでないときでも相続財産はその権利者が不分明のまま放置することは適当ではない。自行庫の預金の預金者が明らかでないまま、あるいは自行庫の融資債権の債務者が明らかでないままとすることが妥当でないことは明らかであろう。このような場合に当該相続財産の清算処理に当たる（民法956条）のが相続財産清算人である。

相続人が存在しないか、存在することが明らかでない場合には、その相続財産は法人としたうえで（民法951条）、その清算人を定め、当該清算人を相続財産清算人と呼ぶのが民法上の位置づけである。

「相続人が存在しない」とは、もともと法定相続人がいない場合だけでなく、法定相続人が全員相続を放棄した場合も含まれる。しかし相続財産の全部の包括受遺者がいるときには相続人が存在しない場合にはあたらない(最判平9.9.12)。

(2) 相続財産清算人の選任方法

相続財産清算人は、利害関係人または検察官の請求によって家庭裁判所が選任する。そして家庭裁判所は相続財産清算人を選任したときはその旨を遅滞なく公告すべきものとされている(民法952条2項)。

(3) 相続財産清算人の権限

①債権者への催告

相続財産清算人は、その選任の公告があったときは、すべての相続債権者および受遺者に対し、2カ月以上の期間を定めて、その期間内に請求すべき旨を公告する。

②相続財産の清算

それでも相続人が判明しなければ、相続財産清算人は、相続財産のうち積極財産から消極財産を弁済する等して相続財産の清算を行う。

このとき相続財産は家庭裁判所により特別縁故者に分与されることがあり、なお処分されなかった相続財産は最終的には国庫に帰属することとなる。

相続預金について相続財産清算人は以上の手順によってその清算を行う。そしてその間は不在者の財産清算人に準じて相続財産の清算を行う(民法953条、同法27条〜29条)。

具体的には、相続財産の保存行為とその性質を変えない範囲内での利用・改良行為を行う権限を有する(民法28条、103条)。それを超える範囲の行為を行うには家庭裁判所の許可を受けることを要する(民法28条)。

(4) 相続財産清算人の確認

①事実確認と本人確認

相続財産清算人は家事事件手続法の規定によって選任される(家事事件手続法39条別表第一99号)。そして相続財産清算人の選任は前記のとおり公告される。したがって、相続財産清算人選任の事実は、家庭裁判所の選任の審判書または公告によって確認することができる。

ただし相続財産清算人に対し相続預金を支払う場合は、単にある者が相続財産清算人に選任されたことを確認するだけでなく、支払の相手方が当該相続財産清算人であるか、その同一性を確認するための本人確認を行う。

相続預金を相続財産清算人に支払うことは、預金の払戻と同視し得るため、その方法は犯罪収益移転防止法に規定するところによることが望ましい。

②支払権限の確認

相続財産清算人は、相続財産を清算するのがその役割であって、相続預金についての消費貸借契約上の債権を取得するわけではない。したがって相続財産清算人に選任されたからといってただちに相続預金の支払権限が付与されるものではない。当該預金の支払を受けるには家庭裁判所の許可を受けなければならない。

したがって金融機関は、相続財産清算人から相続預金の支払を請求されたときは、相続財産清算人選任の事実確認と本人確認を行うほか、家庭裁判所の許可を受けていることを確認する必要がある。

ただし、相続財産を保管・管理するための定期預金口座を開設し、普通預金を当該口座へ移し変えることは相続財産清算人の権限の範囲内といえる。したがってこの場合、家庭裁判所の許可書を確認することは必ずしも要しないが、それが相続財産清算人本人の預金・財産と混同することを避けるために名義その他において他の口座と区別して管理することが望ましい。

７．取引ごとの相続のポイント

（１）　預金相続

相続預金の支払の一つの態様として、預金者に相続が発生しているにもかかわらず、従来どおりの払戻請求者の名義、押印をもって払戻すことがある。その代表例は、預金者に相続が発生したことを金融機関には連絡せず、金融機関も預金者に相続が発生したことを知らずに払戻すものである。

この場合、金融機関には従来どおりの名義と印鑑が届けられたままとなっており、特段払戻停止の措置などが講じられていなければ、従来どおりの記名・

押印があれば、払戻が可能とも言える。

預金の払戻は、払戻の相手方が正当な権限者ではないことについて、金融機関が善意かつ無過失であれば、その払戻は有効なものとなり、後日正当な権限者から改めて払戻請求があっても、金融機関はこれに応じる法的義務は負わない（民法478条）。

①金融機関が無過失であった場合

この場合すなわち金融機関が善意かつ無過失であった場合には、前述の民法の規定によれば払戻は有効である。

金融機関が無過失といえるのは、単に払戻時の記名・押印が届出のものと一致していると認められるだけでなく、通常の預金払戻時において要求される無過失がやはり要求される。その中には金融機関において預金者に相続が発生していたとの情報がもたらされていないことが含まれる。届出・連絡がないというだけでなく、店周の噂・報道等の情報がない、ということも必要である。

②金融機関が有過失であった場合

この場合は、払戻は有効とは言えず、後日の相続手続等においては、払戻前の残高を以って取扱わざるを得ないこととなる。金融機関に過失があれば前述の民法の法理によっても債務者（＝金融機関）は免責されないからである。

（2）残高証明等の発行依頼

①相続開始前の推定相続人からの発行依頼

相続開始前に推定相続人（注）に対して残高証明書を発行することは、第三者への情報の流出と同質である。推定相続人であっても預金者とは別人なのであるから、預金者本人からの代理権付与がある、またはその推定相続人が預金者の法定代理人であるといった正当な権限がない限り、推定相続人、または一定の親族だというだけでは残高証明書を請求する法的権利はないのである。

（注）　ここでいう「推定相続人」とは、現時点で預金者本人が死亡した場合に相続人となる者のことである。

（例）預金者の配偶者、子、子がいない場合の親など

②相続開始後の相続人の一人からの発行依頼

相続開始後には相続人から残高証明の発行依頼があることは珍しくない。これは多くの場合、相続預金の価額をはっきりさせておこうというものである。

相続預金はもともと被相続人がその権利者であって、相続人は第三者であるから、相続が開始しても相続人は被相続人から預金の管理を任されていた等の特別の事情がない限りその内容は知り得ないからである。

そして相続人が相続預金の価額を把握しようとするのは、単に自らの権利・財産を知りたいというだけでなく、

ア．その後の遺産分割協議の対象を確定する

イ．相続税額を算出する

等の目的があることも多い。

一方、金融機関における相続手続が完了する前であっても、法律上は相続預金の権利は法定相続人全員がその持分を準共有している状態であるため、相続開始後の相続人全員が相続預金の預金者である（民法 899 条、最決平 28.12.19)。

したがって、相続人が法定相続分の残高証明書の発行を依頼することは特段問題ない。では、相続人の一人が預金全部の残高証明書の発行を依頼する等、法定相続分を超えているとも思える依頼には問題はないのであろうか。

結論をいえば、この場合も、原則として全額の残高証明書を発行しても差し支えない。

なぜならば預金者の共同相続人の一人は，共同相続人全員に帰属する預金契約上の地位に基づき，被相続人名義の預金口座の取引経過の開示を求める権利を単独で行使することができるとされており（最一判平 21. 1. 22)、残高証明書の発行依頼は、被相続人名義の預金口座の取引経過の最後の一時点について、開示を求めるものといえるからである。

もっとも、相続財産調査等の正当な目的ではなく、相続財産の滅失・隠匿を図って他の相続人を害する目的がある場合等では、法定相続分を超えた照会・権利行使は妥当なものとはいえない。

したがって、金融機関がかかる不当な目的を確知しているような場合には、相続人全員の依頼に変更することを求めるといった配慮が必要となる。

（３）相続人が国外に居住している場合の相続

①遺産分割協議がまとまらない場合の代替策

相続関係については被相続人の本国法によることとされており（法の適用に関する通則法 36 条)、またわが国の民法には相続人の一部が外国に居住してい

ることをもって相続財産の帰属、協議について別異に取扱うべき規定はない。したがって、相続人の一部が外国に居住している場合であっても、何らかの方法でその相続人の同意を得ない限り遺産分割協議は成立しない。このため相続人の一部が外国に居住している場合には、相続人間に遺産分割協議を続ける意向が十分にあったとしてもその協議が遅々として進展しないこともある。とすれば、金融機関における相続手続も完了せずに長い時間が経過することとなり、金融機関としてはその協議が進展することを強く望むことになる。

このとき金融機関としては、（はなはだ身勝手ではあるが）自行庫の預金債権だけでも早期に決着させたいと望むであろう。融資債務については併存的債務引受（重畳的債務引受）や、法定相続分に応じた分割承継など、一部の相続人の意図を十分反映することなく手続を進める方法もある。しかし預金債権については相続人側の意図がはっきりしない以上は、その承継、帰属が最終的に確定しない。そこで外国に居住する相続人についても自行庫の預金債権の帰属、承継に関する意思を表明してもらうことが重要となり、その方策を考えることとなる。

ここで重要なことは、手続上遺産分割協議の方法によるとしても、最悪の場合は必ずしも各相続人が一堂に会することは必須とせず、何らかの方法で各相続人の意図を明確にしてもらうことが重要で、かつそれで足りるということである。金融機関の預金債権についてはその承継、帰属を決するためには、法定の様式・書式が要求されているわけではなく、関係者の意思が証拠立てられればよく、後日の紛議も防止できるのである。

そこで、外国に居住している相続人からは単独で何らかの意思表明の書面の提出を受ける方法が考え得る。その書面の内容は、「他の（国内に居住する）相続人の意思に従い、自らは異を唱えない」という点が中心となる。これには、

ア．他の（国内に居住する）相続人のみでの協議が調ったところでこれを当該外国に居住する相続人に示し、その内容に同意する旨の書面の提出を受ける方法

イ．他の（国内に居住する）相続人の協議が調わない間でも、それらの相続人間で後日いかなる協議が調っても予めそれに同意する、という趣旨の書面の提出を受ける方法

がある。要するに他の（国内に居住する）相続人のみでの協議の前後で、その

タイミングに即した内容の書面の提出を受けるということである。

ただ、いずれの場合でも、外国居住の相続人については、直接面前での意思確認が困難であることが多い。したがって、他の状況（自署の状況について聴取し、それが信頼に足ると判断できる場合、国内における「実印＋印鑑証明書」に相当する確認書類の添付が受けられる場合等）によっては面前自署その他の直接の本人確認、意思確認の省略も検討せざるを得ない。

②相続人が外国人の場合

相続人が外国人であるか日本人であるかによって預金の相続に関する手続は異ならない。前述のとおり、相続は被相続人の本国法により、これは相続人の国籍には影響されないからである。

そこで、相続人が外国人であっても相続手続においては、その相続人が国内に在住しているか、外国に居住しているかによってその後の対応が分かれることとなる。すなわち相続人が外国人であっても国内に在住しているのであれば、相続人も日本人である通常の相続と同様である。また外国に居住しているのであれば、前記①のとおり日本人の相続人が外国に居住している場合と同様である。

③非居住者に相続が発生した場合の取扱

預金者等の取引先が死亡し相続が発生した場合、まず考慮すべきことはその準拠法である。そしてその準拠法は前述のとおり被相続人の本国法である（法の適用に関する通則法36条）。すなわち被相続人が死亡時にいずれの国籍を有していたかによって法定相続人の範囲や法定相続分（割合）などが定まる。死亡時の「国籍」などであって「居住地」ではない。

居住者か非居住者かの区別は居住地による区別であって国籍による区別ではない。つまり相続においていずれの国の法律に従うかはその被相続人が居住者か非居住者かによって切り分けられるわけではない、ということである。

ただ、わが国は島国であって、しかも単一民族国家だといわれているから、多くの場合、外国人は非居住者であって、わが国の国民は居住者である。したがって被相続人が生前非居住者であったということだけで、その相続は本国法によるものとしてしまいがちであることも否めない。

しかし相続関係法はあくまで被相続人の本国法、すなわち相続開始時点の国籍によって定まるのであるから、居住・非居住ではなく国籍の如何に注意することが必要である。

すなわち非居住者に相続が発生した場合でも、その被相続人は外国に移住した日本人という場合には相続の準拠法は日本法なのである。

（4） 手形・小切手

①生前振出手形・小切手の取扱い

被相続人が「生前に手形または小切手を振出していた」ということは、当該被相続人とは当座勘定取引があったということである。したがって生前に振出していた手形・小切手の取扱を検討するにあたっては、当座勘定取引の性格を明らかにしておかなければならない。

当座勘定取引の法的性格は、金銭消費寄託契約（民法666条）と委任契約（民法643条）の混合契約である、との見解が一般的である。この委任契約は委任者の死亡がその終了事由である旨が定められている（民法653条 1 号）。したがって、当座取引先に相続が発生したということは、その時点で当座勘定取引はすでに終了しているということである。

したがって、被相続人が生前に振出した手形・小切手の支払呈示があったとしても、その資金を引落すべき口座の取引はすでに終了しているのであるから（形式的にコンピュータの記録上は被相続人名義の口座が残っていたとしても）当該手形・小切手を引落すことは原則としてできない。この場合、支払呈示された手形・小切手は「本人死亡」または「本人死亡により解約済」（第0号不渡り）として返却すべきであるとされている（詳細は各手形交換所の規則による）。

②当座勘定口座の相続の可否

結論からいえば、口座そのものの承継はできない。当座勘定取引の法的性格が、金銭消費寄託契約と委任契約の混合契約であり、委任者の死亡は委任契約の終了事由にあたるからである。

ただし、預金残高に相当する金員を相続手続の一環として、相続人に支払うことは可能であり、その限度で当座勘定口座（預金）の相続は可能といえる。しかし、委任契約部分、すなわち手形・小切手の支払委託については本人の死亡によって終了・消滅しているから、その相続・権利義務の承継を受け入れることはできない。

したがって、もし相続人のうちの１名が被相続人の当座勘定口座を引続き使用したいと申入れてきた場合も、原則として名義変更によるのではなく、既存口座の解約と新規口座の開設によることを基本としたい。

(5)　貸金庫取引

貸金庫契約の法的性格は、顧客に安全な保護函を提供して、これを利用させることを目的とする賃貸借契約と解するのが通説とされている。賃貸借契約であれば、当然、その契約は相続性があり、その取引は相続人によって承継されることとなる。しかし、共同相続の場合にこの相続を認めると、貸金庫の利用が共同相続人中の誰によってなされているか、格納品は誰の所有に属するかが不明となるなど、取引に困難が生じる。そこで、金融機関は借主について相続の開始があった場合には、貸金庫規定において貸金庫契約をいつでも解約できることとしている。

また、貸金庫の借主について相続があった場合に注意しなければならないのは、貸金庫内の収納物が必ずしも相続財産ではないということである。被相続人が第三者からの預かり物を収納していたような場合もあるからである。

(6)　有価証券等

①国債の相続

国債は有価証券であるため、相続が発生し金銭に換価する場合は名義を変更したうえで売却することとなる。なお、現在、国債は振替決済口座で管理されているため、通常は有価証券現物で保有していることはない。

06年1月以降、マル優・マル特の各制度が変更となり、利用者は障害者等に該当する方のみとなったが、非課税扱いの国債を相続後も引続きマル優・マル特を適用する場合は、相続人から障害者等であることの確認資料の提示等を受けることが必要である。

相続後、課税扱いとする場合、所得税等の精算が必要となる。相続人に所得税額を還付するのは、被相続人の死亡日以降最初に到来する利払日前に契約をマル優・マル特から課税扱いに変更した場合である。

一方、被相続人の死亡日以降最初に到来する利払日後に死亡届が提出され、本来課税扱いにもかかわらずそれまでの利子を全額非課税で受取った顧客からは、課税期間に対応する利子に係る所得税額等を追徴しなければならない。

②投資信託の相続

投資信託についても、有価証券であり、通常は受益証券の現物は受託金融機関にて保護預りされている。一般には各金融機関とも通常の相続手続に準じて解約も名義変更も可能である。投資信託を保有している場合は普通預金口座も通常は保有しているので、投資信託を単独で相続手続することはまずない。したがって保護預りを解約するのであれば、通常の預金の解約と同様、相続届を通じて相続人全員の申出により解約することとなる。その際、注意すべき点は、申出のあった日の前日の解約価額を参考として提示し、実際に解約となる日の解約価額は変動する旨、相続人が理解していることを確認しなければならない。また、相続人の一部より法定相続分相当額の投資信託の名義変更を依頼された場合についても、相続人全員からの署名捺印のある依頼書等により手続をすすめることが望ましい。特に預金と異なり、投資信託は価格が日々変動する商品であることから、金融機関に対するクレームやリスクを避ける意味でも、名義変更する銘柄・口数を相続人全員から指定してもらう形をとるのがよい。この場合も、申出のあった日の前日の基準価額を参考として呈示し、名義変更後、大きく変動する可能性のあることを相続人が理解していることを確認しておくことが必要である。

なお、投資信託の相続手続にあたり、相続人の確認書類・遺産分割協議書があればその写しなどの提出を受けることになるが、一般的には普通預金を保有していることから、預金の解約手続に準じて書類を徴求しておけば足りる。被相続人が保有するファンドを引継ぐような場合はファンドの商品説明・リスク説明を新規購入者と同様に行い目論見書を交付する必要がある。

また、投資信託の受益権は、解約（買戻）請求権に止まらず、議決権や分配金の請求権等を含んだもので、単純な金銭（元利金）の支払請求権である預金債権とは性質が異なり、これを数額だけで分割する（預金なら可能である）ことはできないとされており（福岡高判平成22年2月17日金法1903号89頁)、最高裁でも、「投資信託受益権は、相続開始と同時に当然に相続分に応じて分割されることはない」と判旨している（最高裁平成26年2月25日)。相続人各自が別個独立に、その法定相続分に応じた解約権を行使することはできないことに留意する。

③株式の相続

未公開株については相続人が個別に名義変更を行うこととなるが、公開株式であれば、当該株式発行企業の証券代行会社あるいは被相続人取引の証券会社で行うこととなる。また､単元未満株式については名義書換を請求できるほか、買取請求も可能である。ただしこの場合は代行会社では通常は名義書換後買取を行っている。

（7）　債務の相続

金融機関は、原則として各相続人をそれぞれ分割承継された債務の債務者のまま扱うのではなく、一般にはその中の１名を債務者とする旨の債務引受契約を締結し､以後はその引受人のみを主たる債務者として取扱うのが通常である。相続人はその返済能力は様々であるし、主たる債務者は１名としたほうが与信管理は容易だからである。

融資債務の新債務者を確定する方法には一般に、

ア．免責的債務引受

イ．併存的債務引受

ウ．履行の引受

エ．法定相続割合に応じた分割

がある。このうち、金融機関の融資取引においては、債務引受の方法によるのが一般的である。

①併存的債務引受

相続における併存的債務引受は、相続人のうち１名が、他の相続人が法定相続割合に応じて分割承継した相続債務を引受けることをいう。併存的債務引受では、引受人以外の相続人は、その債務につきなお免責されず、依然として債務者の地位にある。ただし引受前の債務と引受後の債務の内容は同一でなければならない。

併存的債務引受は、引受人以外の者の意に反して行うことも可能である。引受人以外の債務者としての地位には変動がないからであり、またこの点が併存的債務引受のポイントでもある。

しかしながら、金融機関では引受人となる相続人のほか、実務上は引受人以外の相続人も交えての契約を締結することを原則とするのが一般的である。

②免責的債務引受

相続における免責的債務引受は、相続人のうち1名が、他の相続人が法定相続割合に応じて分割承継した相続債務をその相続人から引受けることをいう点では併存的債務引受と共通する。引受前の債務と引受後では債務の内容の同一性が保たれることも併存的債務引受と同様である。ただし免責的債務引受では、引受契約の締結に伴って引受人以外の相続人は、従来負っていた債務を免れ、以後は当該債務から解放される点が併存的債務引受と異なる（民法472条以下参照）。

改正債権法で、免責的債務引受は金融機関と引受人との間で契約できるようになったが、その効力は、金融機関が免責を受ける相続人に通知した時に生じる（民法472条2項）。

また、免責的債務引受の場合には、（連帯）保証人（信用保証協会も含む）、担保提供者の同意も必須となる。

＜免責的債務引受のポイント＞

①引受人と契約した場合は、引受人以外の者（従前の債務者）に対して、金融機関が通知をしなくてはならない

②引受人以外の者（従前の債務者）は、従来の債務の負担を免れる

③連帯保証人（信用保証協会も含む）、担保提供者の同意が必要である

＜免責的債務引受契約の形態＞

○債権者（金融機関）＋引受人＋（連帯）保証人（信用保証協会も含む）＋担保提供者＋引受人以外の者（従前の債務者）への通知

もちろん、引受人となる相続人と免責を受ける相続人が全員揃えば、1枚の契約書で全員の署名・捺印を徴求することも可能である。

（8）個人ローン債務の取扱

（Ⅰ）団信付ローン債務の取扱

①団信とは

団信とは「団体信用生命保険」の略称で、住宅金融支援機構（旧住宅金融公庫）からの住宅資金の融資のほか、各民間金融機関における住宅ローン等個人向け住宅資金融資において広く利用されている。その仕組みは細部においては、

貸し手となる金融機関及び保険者となる保険会社によって異なるが、その概略は以下のとおりであることが一般的である。

すなわち、保険者は保険会社、被保険者は借手（主たる債務者）である個人、保険契約者及び保険金受取人は貸手である金融機関である[注]。そして借手である個人が死亡したときに、ローン残高相当額である保険金が貸手である金融機関に支払われ、金融機関はそれを融資債権に充当して債権回収を図る。

保険契約者は金融機関であることから、保険料はその金融機関が負担するものの、保険料相当額はローン金利に上乗せされることが多い。

（注）　保険契約者は債務者とし、保険料も債務者の預金口座からの自動振替等によって債務者から保険会社に支払われるパターンも見受けられるが、多くの場合は、前記の流れで保険金の支払・ローン残高への充当が行われるようである。

また、支払われる保険金はあくまでローン残高金額であって、それ以上の金額が金融機関や遺族に支払われるわけではない。

図表３－１　団体信用保険の一般的な仕組み

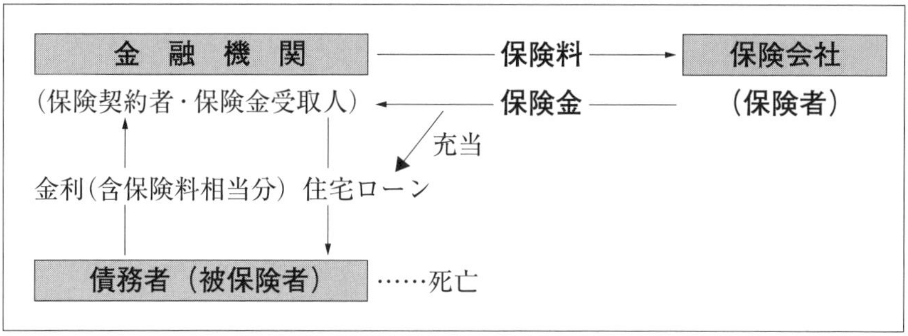

金　融　機　関
（保険契約者・保険金受取人）
保険料
保険金
保険会社
（保険者）
充当
金利（含保険料相当分）
住宅ローン
債務者（被保険者）
……死亡

②金融機関の取扱

保険契約者は金融機関であって、保険金支払の請求、実際の保険金の支払、支払われた保険金のローン残高への充当は、すべて金融機関と保険会社との間で行われる。したがって、この間、相続人等が特段の手続等をとる必要はないのが通常である。

金融機関と保険会社の間で以上の手続が遺漏なく完了すれば、ローン債務は消滅し、以後相続人が債務者として何らかの金銭的負担を強いられることもない。

このように団信付ローンの債務者について相続が発生すると、本来の債務者

（相続人）以外の者から債務の弁済と同様の資金提供を受けることとなる。

そこで、金融機関にとっても保険会社にとっても、債務者死亡の事実の確認が最も重要となる。債務者の遺族等から、債務者の死亡・相続発生の事実を告げられた場合には、その事実確認を慎重に行う必要がある。ただし一般的には通常の債務者死亡の場合と同様の確認（注）を行えば足りる。

（注）債務者死亡の事実が記載された戸籍全部事項証明書の確認等

しかし、被相続人との取引が預金のみであった場合とは異なり、安易な便宜扱いは避けるほうが無難である。便宜扱いによって所定の確認手続を省略するには、万一事実に相違があった場合には、相続人・保険会社の双方と紛議が生ずるおそれがあるから、①保険会社に事前に相談のうえ、保険金が支払われるか否かを確認し、②事実と相違するおそれが極小であることの判断が必要である。

そして債務者死亡の届出があってから、実際に保険金が支払われてそれが債務に充当され、ローンの残債務が消滅するまでには一定の期間を要するのが通常である。したがって、団信付ローンの相続にあたっては相続人には、以上のとおりある程度の時間が必要である旨、及び手続が完了したときにはそのこと（すなわち相続人はローン債務の負担から解放されたこと）を十分説明する必要がある。

（Ⅱ）極度融資型ローン債務の取扱

①極度融資型ローンと通常のローンの相違点

この極度額の定め、すなわち極度額までの借入が可能であるという契約上の地位について、一般的には、極度契約は顧客の死亡によって自動的に終了する旨が約定（約款）で定められ、相続の対象とはされないのが一般的である。

すなわち、極度融資型ローンの債務者が死亡し相続が発生しても、その時点で実際に許容されている与信のみが相続の対象となり、極度契約は相続人には引継がれないのである。

○極度は相続の対象とならない（承継されない）

②金融機関の対応

イ．相続人への説明

相続人は極度契約についても法定相続分に従って分割された額をもって相続

人に引継がれると考えている場合がある。

たとえば、極度額500万円のローン契約によって実際には300万円の借入残高のあった個人顧客が死亡したとする。相続人は妻と子供２人（ＡとＢとする）であったとすると、妻は150万円、子はおのおの75万円の借入債務を承継するが、極度額については相続の対象とならない。すなわち妻250万円、子が各125万円の極度額を有することとなるわけではないのである。

もし相続人にこの点の誤解があるのであれば、その誤解を解消すべく正確に説明しなければならない。

ロ．具体的債務について

実際に相続の対象となるのは、顧客死亡時に発生していた具体的な債務であるから、その額については、以上に述べたとおりの債務の相続の取扱によって新債務者の決定等を行う。

ハ．極度額について

極度額は以上のとおり相続の対象とはならないのが原則であり、極度契約も一般的には相続開始によって終了するよう約定されている。

しかし相続人によっては、引続き極度取引を続けたい旨希望する場合もある。金融機関として債権保全上その希望に応じられない場合には、まずは代替手段を相談する。他の担保や保証の提供、極度額の減額などである。

それでも顧客の希望に応じられない場合には、その旨と理由を十分に説明して申出を謝絶するしかない。

希望に応じられる場合、または代替・補完手段を講じれば極度取引を続けることができ、相続人もそれに同意するときには、当該相続人と新たな極度契約を締結する（注）。

（注）　極度契約が相続の対象とならない以上、相続手続の一貫として極度取引を継続するわけにはいかないのであるから、新規取引として極度契約を締結するしかない。

極度契約の引継　＝　新規極度契約の締結

（9）保証人の相続

①融資取引における保証人の死亡

保証人が死亡したことは、主たる債務者の債権者である金融機関に対する地位、立場には影響を及ぼさない。その認識が保証人死亡時の取扱の第一歩である。

たとえば、法人を主たる債務者とする融資取引を行っており、その代表者と連帯保証契約を締結していたところ、その代表者が死亡した、ということがある。この場合、現実には他に代表者はいないか、死亡した代表者の後継者は誰かなどということが大きな問題となる。しかし、法人に対する融資債権残高にはいささかも変化はないのである。

一方､保証人が死亡した場合､保証債務の相続性は融資債務と同じである（消極財産の一つである)。したがって、原則として保証人の死亡後も融資債務者の死亡と同様に考えることができる。

死亡した保証人の相続人が限定承認または相続放棄を行った場合についても同じである。

②与信取引に特有の留意点

ただし、保証人の死亡の場合には、相続人以外の者が新たに保証人となる場合もある。たとえば、法人を主たる債務者とする取引においてその代表者を保証人としていた場合、相続人以外の者が新たな代表者となるときに、その新代表者を保証人とするケースがあげられる。

このような場合の具体的な対応としては次の２通りの方法が考えられる。

ア．被相続人の相続人以外に新たに保証人となるものを引受人として相続人から保証債務を引受ける債務引受契約を締結する。

イ．被相続人の相続人以外に新たに保証人との間で保証契約を締結し、相続人に対しては相続債務を免除する。

なお、後者の場合、新たな保証契約を締結する時点ですでに発生していた債権も新保証契約の被保証債権に含めるとすれば、その旨を保証契約書・保証書等に明記しておくことが後日の紛議を予防することに繋がる。

③物上保証債務

物上保証人の相続、すなわち担保提供者の相続は、担保目的物の所有者等の権利者が変更となることを意味する。物上保証の場合、金融機関はその担保提供者という者の信用を問題にするのではなく、担保目的物の価値を問題にするのであるから、物上保証人に相続が発生してもそれだけでは、債権者たる金融機関の債権保全には特段の変化・問題は生じないようにも思える。

この点は預金の相続の場合は金融機関からみた権利者（すなわち預金を誰に支払うか）が変更されることとなり、融資の相続でも金融機関からみた債務者（すなわち誰から弁済を受け、弁済がない場合に誰にその責任を追及すべきか）が変更される。いずれも金融機関の債権債務に直接かつ大きな影響が生じることとなり、このことが物上保証人の相続と最も異なる点である。

第３章の出題

※出題・解説は原則、出題当時の内容で掲載されています。

※回号表示については２頁の注意書きをご参照下さい。

第1問

（第 81 回）

相続発生時の確認手続きに関する次の記述のうち、誤っているものを１つ選びなさい。

(1) 取引先に相続が発生した旨の情報を金融機関が入手しても、相続人から相続発生について、戸除籍謄本や死亡届等の公的書類の提出がない限り、預金口座の凍結はしてはならない。

(2) 取引先に相続が発生した場合は、被相続人の遺言がないか、または相続人による遺産分割の合意がないかを確認する必要がある。

(3) 相続人の範囲の確認にあたっては、法定相続情報証明一覧図がある場合は、戸除籍謄本類の提示を求めずに手続きを行っても、原則として、問題にはならない。

解答：P.180

第2問

（第 78 回）

相続発生時の確認手続に関する次の記述のうち、正しいものを１つ選びなさい。

(1) 金融機関は死亡の事実が記載された戸籍全部事項証明書の提出をもって、相続発生の事実を確認するのが一般的である。

(2) 相続状況のヒアリングにおいては、「どのような状況で死亡したのか」など、死亡時の様子も重要である。

(3) 金融機関の取引においては、法定相続人以外の者が権利義務を承継することはないので、法定相続人の範囲についてのみ確認する必要がある。

解答：P.180

第3問　(第80回)

法定相続情報証明制度に関する次の記述のうち、誤っているものを１つ選びなさい。

(1)　法定相続情報証明制度は、相続人が管轄法務局（登記所）に相続人に関する戸除籍謄本等を提出し、登記官が内容を確認したうえで、法定相続人が誰であるかを証明するものである。したがって、この証明書を利用すれば、被相続人名義の預貯金の払戻、相続登記などの相続手続において相続の戸除籍謄本一式の提出を省略することができる。

(2)　法定相続情報一覧図の保管期間は３年間で、その期間中は、一覧図の写しを何度でも再交付することが可能となる。

(3)　法定相続情報証明は、相続人による申出の際に提出された戸除籍謄本等の記載に基づくものであるから、申出がいつなされたのかを確認する必要がある。また、この証明には相続放棄に関しては記載されないので注意を要する。

解答：P.180

第4問　(第78回)

相続預金の法定相続人への支払いに関する次の記述のうち、最も不適切なものを１つ選びなさい。

(1)　遺言がある場合にその受遺者に支払うときや、遺産分割協議が行われた場合にその内容に従って支払いをするときは、相続人の一部への支払いが行われることがある。

(2)　被相続人の生前の入院費用など、相続債務となる被相続人の生前の費用に充てるためであれば、最終的にいずれかの者が預金を承継しても、他の相続人との間でその支払いをめぐって紛議が生じる懸念は少ない。

(3)　預金について、特定の相続人に「相続させる」趣旨の遺言は、原則として遺贈とされるため、他の相続人の同意を得て、その支払いに応じるべきである。

解答：P.181

第5問　(第81回)

相続預金の仮払い制度に関する次の記述のうち、誤っているものを1つ選びなさい。

(1)　仮払い制度に基づく法定相続人の一部への支払いについては、「遺産に属する」預貯金債権が対象となり、特定遺贈されている預貯金債権は仮払い制度の適用がないので、金融機関としては、遺言の有無を確認する必要がある。

(2)　仮払い制度における支払額の上限は、支払いをする金融機関の営業店ごとに計算されるため、複数の営業店に被相続人の取引がある場合は、計算に注意する必要がある。

(3)　仮払い制度により相続人が取得した預貯金債権は、遺産の一部の分割によりこれを取得したものとみなされる。

解答：P.181

第6問　(第78回)

遺産分割協議による相続手続に関する次の記述のうち、誤っているものを1つ選びなさい。

(1)　遺言により相続預金の承継者が指定されている場合は、遺産分割協議において遺言と異なる指定をすることはできない。

(2)　遺産分割協議書により自金融機関の預金の承継者が指定されている場合、相続人全員から払戻請求を受けなくても、その承継者から払戻請求を受ければ、払戻しに応じて問題ない。

(3)　遺産分割協議書による相続預金の払戻しであっても、預金の払戻しであることに変わりはないので、必要であれば犯罪収益移転防止法の規定による本人確認を行うべきである。

解答：P.181

第7問

（模擬問題）

遺産分割協議書の作成方法に関する次の記述のうち、正しいものを１つ選びなさい。

⑴　遺産分割協議書は、相続人の過半数の署名押印があれば有効である。

⑵　相続分の譲受人や包括受遺者がいる場合には、これらの者も遺産分割協議に参加することが必要である。

⑶　遺産分割協議書は、裁判所に提出して初めて有効となる。

解答：P.181

第8問

（模擬問題）

遺産分割協議書の見方に関する次の記述のうち、誤っているものを１つ選びなさい。

⑴　遺産分割協議書には、「遺産分割協議書」のタイトルを明示しなければ無効となる。

⑵　欠格者や廃除者の代襲相続人は、遺産分割協議に参加することが必要である。

⑶　遺産分割協議書の作成日付は、遺産分割の時点とされる。

解答：P.182

第9問

（第 81 回）

遺言書による金融機関取引に係る相続手続きに関する次の記述のうち、正しいものを１つ選びなさい。

⑴　遺言書による相続手続きについては、遺言の内容により権利関係の承継が明確であるから、金融機関の所定の書類を提出してもらわなくても取扱うことができる。

⑵　公正証書遺言と自筆証書遺言の２つの遺言があり、自行庫の預金について矛盾する内容が書かれている場合には、公正証書遺言の内容にしたがって手続きを行うこととなる。

⑶　遺言書がある場合であっても、遺言書以外の書類（払戻請求書、領収書、相続預金の通帳・証書、払戻し・名義変更時の本人確認書類）に関するチェックポイントは、遺産分割協議による場合と基本的には同じである。

解答：P.182

第10問　（第 77 回）

遺言書がある場合の相続手続きに関する次の記述のうち、正しいものを 1 つ選びなさい。

⑴　遺言書があったとしても、遺言中の記載で自金融機関の相続預金の遺贈関係が読み取れなければ、遺言はないものとして取り扱う必要がある。

⑵　金融機関が、受益相続人から遺言書の提示を受ける前に受益相続人以外の法定相続人の債権者から、法定相続分に従った相続預金に対して差押えがあったとしても、相続発生時に承継されている預金には、差押えの効力は及ばない。

⑶　遺言書において、自金融機関の相続預金に関する記載があったとしても、他に遺言があるとの申告があれば、それに当該預金に関する記載はないとの説明を受ければ、これに応じても問題ない。

解答：P.182

第11問　（第 78 回）

特定遺贈の放棄に関する次の記述のうち、正しいものを 1 つ選びなさい。

⑴　特定遺贈の放棄は、受遺者が相続の発生を知ったときから 3 カ月以内にしなければならない。

⑵　特定遺贈が放棄されると、遺言書に特段の定めがない場合、放棄された財産は、相続人に帰属する。

⑶　特定遺贈の放棄は、受遺者が家庭裁判所に申述しなければならない。

解答：P.182

第12問

（模擬問題）

複数の遺言に関する次の記述のうち、誤っているものを１つ選びなさい。

(1)　遺言した内容を撤回した遺言が撤回されても、原則として、撤回されていた遺言の内容は復活しない。

(2)　2020年５月７日に作成された公正証書遺言に記載された内容と、2021年１月吉日と記載された自筆証書遺言に記載された内容が矛盾する場合、作成日を正確に特定できなくても、自筆証書遺言の方が後に作成されたことが明らかであれば、自筆証書遺言に記載された内容が優先する。

(3)　法定相続人から金融機関に提示されている遺言以外の遺言が存在する可能性が示唆されていても、共同相続人等から一定の期限内に他の遺言が提示されなければ、金融機関としては、現状判明して提示されている遺言に従って取り扱えばよい。

解答：P.183

第13問

（第 81 回）

信託法の遺言信託に関する次の記述のうち、正しいものを１つ選びなさい。

(1)　遺言信託を行う場合には、最低限、「信託の目的」「信託財産と信託内容」「受託者、受益者」を決定し、遺言書内に明確に示す必要がある。

(2)　信託法第３条第２号の遺言信託は、信託法上の行為であるから、民法の遺留分の適用を受けることはない。

(3)　一般に、後継ぎ遺贈は無効と解されているので、遺言信託においても、数次相続における財産承継を設定することはできない。

解答：P.183

第14問

（模擬問題）

家庭裁判所調書・審判書に関する次の記述のうち、誤っているものを１つ選びなさい。

(1)　調停が成立した場合には、家庭裁判所において審判書が作成される。

⑵　調停は、公正中立な家事調停委員２名が当事者の話を聞きながら、話し合いをまとめていくという手続がとられる。

⑶　審判とは、家庭裁判所において、審判官が強制的に解決する方法である。

解答：P.183

第15問　（模擬問題）

相続人不存在に関する次の記述のうち、正しいものを１つ選びなさい。

⑴　続人の不存在とは、相続人のいないことをいうため、相続人がいるかどうかが不明であることは含まれない。

⑵　相続開始時には相続人が存在したが、その後すべての相続人が相続放棄した場合、相続開始の時に遡って相続人がいなかったことになるので、結局相続人不存在と同じ状況となる。

⑶　相続人不存在のとき、家庭裁判所が相続財産を管理する不在者財産管理人を選任する。

解答：P.184

第16問　（模擬問題）

相続財産清算人に対する相続手続に関する次の記述のうち、誤っているものを１つ選びなさい。

⑴　相続財産清算人は、保存行為を行うことはできるが、処分行為については家庭裁判所の許可を得る必要がある。

⑵　相続財産清算人であるかどうかの確認は、家庭裁判所による選任の審判後に登記される登記事項証明書によって確認する。

⑶　金融機関が被相続人の貸金と預金とを相殺する場合、相続財産清算人が選任されているときは、相続財産清算人あてに相殺の意思表示を行う。

解答：P.184

第17問

（第 81 回）

被相続人の死亡の届出が相続人からなされる前の相続預金の支払いに関する次の記述のうち、誤っているものを１つ選びなさい。

(1)　預金名義人の死亡後の払戻しであっても、金融機関が預金名義人の死亡の事実を知らず、過失なく行った手続きであれば、取引上の社会通念に照らして受領権者としての外観を有するものに対して行った弁済として有効な払戻しとされることがある。

(2)　預金名義人が死亡したようだと近隣住民から噂で聞いた程度で、しかも死亡したことについて正式に届出が提出されていなければ、当該預金名義人の預金払戻しに応じても問題はない。

(3)　預金名義人の死亡後は、当該預金名義人の口座からの自動引落し処理は、原則として停止しなければならない。

解答：P.184

第18問

（第 78 回）

相続預金の支払いに関する次の記述のうち、誤っているものを１つ選びなさい。

(1)　相続の開始により被相続人の預金は共同相続人がそれぞれ持分を準共有していることから、遺産分割の対象となる。

(2)　渉外担当者が預金者に相続が発生したことの情報を入手したものの、それが預金払戻事務の担当者に伝達されないうちに、従来の記名捺印で当該預金が払い戻された場合は、金融機関は無過失とされる。

(3)　遺言執行者から相続預金の払戻請求があった場合は、遺言の内容および遺言執行者の本人確認、ならびに権限の及ぶ範囲などを確認して応じることとなる。

解答：P.185

第３章

第19問　（第77回）

相続発生時の相続預金に関する次の記述のうち、最も不適切なものを１つ選びなさい。

⑴　金融機関が相続の発生を知らなかったことについて善意であったというのは、受付した窓口担当者が知らないというだけでなく、渉外担当者等を含め金融機関全体として知らないことをいう。

⑵　相続預金の承継者が決まる前に、相続人の一人に対して、被相続人の葬儀費用の払戻しに応じた場合、他の相続人が自行庫の預金の全部を相続すると、当該支払分は支払いを受けた相続人の支払義務分と相殺されることとなる。

⑶　相続預金の払戻請求を行う遺言執行者が提出した有効な遺言書により、その者が遺言執行者であることが確認できれば、相続人の合意がなくても、その請求に応じてもよい。

解答：P.185

第20問　（模擬問題）

相続預金について、相続発生の事実を知ったうえでの払戻しに関する次の記述のうち、誤っているものを１つ選びなさい。ただし、遺言はなく、遺産分割協議は成立していない場合であって、法定相続人の範囲も問題なく確認できているものとする。

⑴　資金使途が被相続人の葬儀費用であれば、葬儀社からの請求書など使途の裏づけとなる資料の呈示を受けた上で払戻しに応じる。

⑵　法定相続人全員からの請求または法定相続人全員の同意があれば払戻しに応じてもよい。

⑶　相続発生の事実は「はっきりわかった」というときに払戻しに応じた場合は免責されないが、容易に確認できたという程度であれば免責される。

解答：P.185

第21問 （模擬問題）

相続預金についての残高等の証明書発行依頼があった場合の対応に関する次の記述のうち、正しいものを１つ選びなさい。ただし、遺言はないものとする。

⑴　相続預金について相続人から残高証明書の発行依頼があった場合、証明する日付が相続発生日であれば受け付けて差し支えないが、それより１年以上前の日付であれば受け付けてはならない。

⑵　相続発生日の残高を証明するときは相続人のうちの一人からの依頼であっても差し支えないが、相続発生日の後相続手続が完了するまでの間の残高を証明するときには、法定相続人の全員がそろった依頼である必要がある。

⑶　相続預金の残高証明書発行依頼が相続人以外の者からあった場合でも、相続人全員が了解していれば発行して差し支えない。

解答：P.186

第22問 （模擬問題）

預金取引先Ａが死亡したが、その妻Ｂから、過去10年にわたるＡの預金の口座取引状況の開示を求められた。この場合に関する次の記述のうち、最も適切な対応を１つ選びなさい。なお、Ａには、子Ｃがおり、妻Ｂは唯一の法定相続人ではない。

⑴　Ｂに理由を確認したところ、「みなし相続財産となる財産の価格を算定するため」とのことであった。この場合、10年ではなく、生前３年間分の開示に留めるべきである。なお係争のおそれはない。

⑵　ＢはＡの口座に半分しか権利を持っていないので、法定相続人全員の依頼がない限り回答しない。

⑶　Ｂには裁判所の文書送付嘱託をまって回答する旨申し入れた。

解答：P.186

第23問

（第78回）

外国人・非居住者の相続に関する次の記述のうち、正しいものを１つ選びなさい。

(1)　相続関係については相続人の本国法によることとされている。

(2)　被相続人が非居住者である場合には、その居住地の法により相続手続が行われる。

(3)　国外居住の相続人については、印鑑証明に代えて領事館の発行する署名証明書（一部の国では印鑑証明）が必要となる。

解答：P.186

第24問

（模擬問題）

預金の相続が発生した場合で、相続人が外国人のときに関する次の記述のうち、正しいものを１つ選びなさい。

(1)　相続人が外国人であっても被相続人が日本人であれば相続の準拠法はわが国の法律である。

(2)　相続人が外国人であれば提出してもらう各種の書類にはすべて英文のものを添付すべきである。

(3)　外国人から印鑑証明書の提出を受けることはできないので、原則としてその外国人の法定相続分は除外して、とりあえず他の相続人との間で相続手続をすすめる。

解答：P.187

第25問

（第81回）

相続発生時の手形・小切手の取扱いに関する次の記述のうち、誤っているものを１つ選びなさい。

(1)　被相続人が生前に振出していた手形･小切手の支払呈示を受けた場合には、原則として「本人死亡」または「本人死亡により解約済」として第０号不渡りとして返却する。

⑵　相続人全員が合意している場合には、相続の発生後であっても被相続人名義の手形・小切手の発行に例外的に応じることができる。

⑶　当座勘定口座は、金銭消費寄託契約と委任契約の混合契約であることから、委任者の死亡により契約が終了するため、相続人は、口座そのものを承継することはできない。

解答：P.187

第26問　（第 78 回）

当座勘定口座の相続に関する次の記述のうち、正しいものを１つ選びなさい。

⑴　当座勘定口座は商業利用を目的とするものであり、預金名義人の相続の発生によっても委任契約は終了せず、権利の承継人に引き継がれる。

⑵　生前に振出された小切手・手形については、相続人全員の合意により決済する希望がある場合は、決済を検討することができる。

⑶　被相続人の当座勘定口座を相続人の１人が引き継いで利用したい旨の申出があった場合、相続を原因として、相続人名義へ名義の書換を行うことが一般的である。

解答：P.187

第27問　（第 77 回）

国債・投資信託・株式の相続に関する次の記述のうち、正しいものを１つ選びなさい。

⑴　マル優・マル特が適用された国債を相続して、課税扱いとすると、被相続人が所有していた期間を通じて課税される。

⑵　投資信託を保有している場合は、通常の預金の手続き同様に相続届を通じて相続人全員の申出により解約することとなる。

⑶　相続により株式の名義変更をする場合は、非上場株式であれば、当該株式発行企業の証券代行会社または被相続人取引の証券会社で名義変更することとなる。

解答：P.187

第28問

（第 75 回）

株式や投資信託の相続に関する次の記述のうち、正しいものを 1 つ選びなさい。

⑴　被相続人が保有するファンド（投資信託）を相続人が引き継ぐような場合は、ファンドの商品説明・リスク説明を新規購入者と同様に行い目論見書を交付する必要がある。

⑵　上場している株式の相続については、当該発行株式会社に株主名簿の名義変更を依頼する。

⑶　単元未満株の相続については、名義変更はできないので発行会社へ買取請求する。

解答：P.188

第29問

（第 81 回）

債務者の死亡による金融実務に関する次の記述のうち、誤っているものを 1 つ選びなさい。

⑴　相続財産の一部である融資債務は、被相続人の死亡によって、何らの手続きを経ることなく、自動的かつ当然に、各相続人に法定相続の割合に応じて分割承継される。

⑵　併存的債務引受では、引受人以外の相続人も債務者の地位を保つことから、相続人全員につき、時効等の管理を引き続き行っていく必要がある。

⑶　相続人の一部との間で債務引受の契約ができない場合、その相続人について、相続財産の清算人を相手方として債務引受の手続きを行うしかない。

解答：P.188

第30問

（第 77 回）

債務者の死亡に関する次の記述のうち、正しいものを 1 つ選びなさい。

⑴　相続財産の一部である融資債務は、被相続人の死亡によって、何らかの手続を経ない限り、共同相続人が準共有することとなる。

⑵　併存的債務引受では、引受人以外の相続人は、その債務について免責されるので、債務者としての地位は消滅する。

⑶　併存的債務引受と免責的債務引受については、原則としては併存的債務引受とするが、引受人の与信が十分で、他の相続人を免除しても与信上のリスクがなく、保証人、信用保証協会等、物上保証人等の利害関係人全員の同意が得られている場合には、免責的債務引受とすることも可能である。

解答：P.188

第31問　（第 78 回）

免責的債務引受に関する次の記述のうち、正しいものを１つ選びなさい。

⑴　免責的債務引受は、民法上、利害関係を有しない第三者も債務者の意思に反して弁済することができるものとされている以上、免責される相続人の反対があり、債権者である金融機関がそのことを知っていたとしても、引継ぐ相続人との間で契約することができる。

⑵　免責的債務引受において、相続人の地位から免責された相続人のうち、プラスの財産を相続した者は、引受した債務者と連帯保証の関係となる。

⑶　免責的債務引受では、債務を引受した相続人以外の債務者については、時効により消滅する債務が存在しないため、債務を承継した相続人に対してのみ債務に関する時効の管理をすればよい。

解答：P.188

第32問　（第 80 回）

個人ローンの債務に関する次の記述のうち、正しいものを１つ選びなさい。

⑴　一般に住宅ローンに付帯している団体信用生命保険の保険者は保険会社、被保険者は借手である個人、保険契約者は貸手である金融機関、保険金受取人は相続人である。

⑵　団体信用生命保険によって支払われる保険金額はあくまでローン残高であり、それ以上の保険金が支払われるわけではないものの、相続人には死亡の事実などが確認できる公的書類を整えてもらい、相続人に保険請求の手続を

行ってもらう必要がある。

(3) 極度融資型ローン債務については、一般的に死亡時に存在した個別債務は相続人に法定相続分にて分割承継されるが、極度額は相続されない。

解答：P.189

第33問

（第78回）

保証債務に関する次の記述のうち、誤っているものを1つ選びなさい。

(1) 確定した保証債務は相続人に法定相続分に従って分割承継される。

(2) 限定根保証契約は、保証人の死亡により確定する。

(3) 物上保証人が債権者に対して負う責任は、当該保証人の死亡により法定相続分で相続人が承継する。

解答：P.189

第34問

（模擬問題）

相続放棄と債務の承継に関する次の記述のうち、誤っているものを1つ選びなさい。

(1) 相続人のうちの一部から「相続を放棄する」との文書が提出され、他の相続人がこれに同意した場合には、文書を提出した相続人ははじめから相続人でなかったものとして取り扱う。

(2) すべての相続人が法律上の相続放棄したときには、相続人のあることが明らかでない場合と同様の状態として取り扱う。

(3) 相続放棄ではなく遺留分の放棄であれば相続発生の前後にかかわらずすることができる。

解答：P.189

第35問

（第 81 回）

相続人のいない債務者が死亡した場合の手続きに関する次の空欄①～③を埋めるのに、最適な語句の組合せを１つ選びなさい。

債務者が死亡し、その相続人のあることが不明である場合、金融機関は債権を取立てる相手がいなくなる。戸籍上、子が生存しているが所在が不明であるときは、（　①　）に（　②　）の選任を申立てて、この（　②　）に相続手続きを行わせて弁済を求める等の方法を検討する。他方、相続人が戸籍上、誰もいないような場合（第３順位までの相続人が全員相続放棄をした場合を含む）は、（　①　）に（　③　）の選任を申立てて、その（　③　）に弁済を求めることとなる。

⑴　①家庭裁判所　②相続財産清算人　③不在者財産管理人
⑵　①家庭裁判所　②不在者財産管理人　③相続財産清算人
⑶　①市区町村　②不在者財産管理人　③相続財産清算人

解答：P.189

第36問

（第 80 回）

相続預金の差押・相殺に関する次の記述のうち、正しいものを１つ選びなさい。

⑴　預金名義が被相続人のままである預金に対して、相続人の一人の債務に関する差押をすることはできない。
⑵　預金名義が被相続人のままである預金と、被相続人の貸金を相殺することはできない。
⑶　被相続人が使用する貸金庫の内容物と、被相続人の貸金を相殺することはできない。

解答：P.190

第３章の解答・解説

【第１問】

正　解：(1)　**正答率：88.5%**

(1)　報道や葬儀の案内等により、相続の発生が明らかであれば、預金口座を凍結すべき場合がある。よって、誤り。

(2)(3)　記述のとおり。よって、正しい。

【第２問】

正　解：(1)　**正答率：89.3%**

(1)　記述のとおり。よって、正しい。

(2)「どのような状況で死亡したのか」など、死亡時の様子は、ヒアリングすべき事項ではなく、相続人間での遺産分割協議等の進捗状況などである。よって、誤り。

(3)　法定相続人以外の者、つまり遺言による受遺者、または相続財産管理人などが権利義務を承継することがある。よって、誤り。

【第３問】

正　解：(2)　**正答率：56.9%**

(1)　法定相続情報証明制度とは、相続人が法務局（登記所）に必要な書類を提出し、登記官が内容を確認したうえで、法定相続人が誰であるのかを登記官が証明する制度であり、この制度を利用することにより、相続登記を含む各種相続手続で戸籍謄本一式の提出の省略が可能となる。よって、正しい。

(2)　法定相続情報一覧図の保管期間は５年間。よって、誤り。

(3)　法定相続情報一覧図の写しには、「これは、○年○月○日に申出のあった当局保管に係る法定相続情報一覧図の写しである」との認証文言が入るので、この申出日と相続手続の日が離れているような場合には注意が必要である。また、一覧図の写しに記載されているのは、申出時に添付された戸除籍謄本類から判明する法定相続人であることに注意が必要である。つまり、戸除籍謄本類等に記載されていない、「相続放棄」「その後の法定相続人の死亡」「相続欠格」等は一覧図の写しからは分からないということになる。よって、正しい。

【第４問】

正　解：(3)　　**正答率：40.9%**

(1)(2)　記述のとおり。よって、適切である。

(3)「特定の遺産を特定の相続人に「相続させる」趣旨の遺言は、遺言書の記載から、その趣旨が遺贈であることが明らかであるか又は遺贈と解すべき特段の事情のない限り、当該遺産を当該相続人をして単独で相続させる遺産分割の方法が指定されたものと解すべきである」（最二判平成３年４月19日）とされている。よって、最も不適切。

【第５問】

正　解：(2)　　**正答率：81.9%**

(1)(3)　記述のとおり（民法909条の2）。よって、正しい。

(2)　仮払い制度における支払額の上限（150万円）は、支払いをする金融機関ごとに計算される。よって、誤り（民法909条の2）。

【第６問】

正　解：(1)　　**正答率：70.0%**

(1)　遺産分割協議により、遺言と異なる相続財産の処分を指定することは可能である。よって、誤り。

(2)(3)　記述のとおり。よって、正しい。

【第７問】

正　解：(2)　　**(模擬問題)**

(1)　遺産分割協議書は、相続人全員の署名押印が必要。よって、誤り。

(2)　民法990条参照。よって、正しい。

(3)　遺産分割協議書は、それを有効とするのに裁判所への提出は必要ない。よって、誤り。

【第8問】

正　解：⑴　**（模擬問題）**

⑴　遺産分割協議書のタイトルがない場合であっても、その内容から遺産分割協議書であることがわかれば遺産分割協議書として有効である。よって、誤り。

⑵　代襲相続人は、遺産分割協議に参加することが必要である。よって、正しい。

⑶　遺産分割協議書の作成日付は、遺産分割の時点とされている。よって、正しい。

【第9問】

正　解：⑶　**正答率：87.5%**

⑴　遺言による場合でも所定の書類を提出してもらう必要がある。それは、遺言があっても払戻請求の意思表示にはあたらず、また所定の書類を提出してもらうことで、遺言が無効であった場合等にリスク回避できることがあるためである。よって、誤り。

⑵　公正証書遺言か自筆証書遺言かで決まるのではなく、「前の遺言が後の遺言と抵触するときは、その抵触する部分については、後の遺言で前の遺言を撤回したものとみなす」（民法1023条1項）となっているため、遺言の「前後」で決まる。よって、誤り。

⑶　記述のとおり。よって、正しい。

【第10問】

正　解：⑴　**正答率：64.6%**

⑴　記述のとおり。よって、正しい。

⑵　受遺者から遺言書の提示前に差押えがある場合、法定相続人への差押えは有効である。よって、誤り。

⑶　他の遺言書も提示してもらい、作成日を確認のうえ、自金融機関の相続預金に関する記載の有無を確認する必要がある。よって、誤り。

【第11問】

正　解：⑵　**正答率：55.5%**

⑴⑶　特定遺贈の放棄はいつでもでき、その方法についての定めはない。よっ

て、誤り。

⑵　記述のとおり（民法995条参照）。よって、正しい。

【第12問】

正　解：⑵　**（模擬問題）**

⑴　民法1025条の定めるとおり。よって、正しい。

⑵　遺言の撤回は遺言の方式に従って行うことができるところ(民法1022条)、1月吉日と記載された遺言は無効とされており（最高裁昭54年5月31日など）、後に作成された可能性が高くても優先されることはなく、当初の遺言のとおりとなる。よって、誤り。

⑶　設問のような場合、金融機関としては、預貯金の相続手続において判明提示されている遺言に従って取り扱わざるを得ない。よって、正しい。

第3章

【第13問】

正　解：⑴　**正答率：74.7%**

⑴　遺言信託を行う場合には、遺言者（委託者）が、信頼できる個人または法人（受託者）に対して、遺言者の指定する財産（信託財産）を遺言者が定める特定の目的（信託目的）にしたがって、管理・給付・処分等する旨を遺言書の中で記す必要がある。よって、正しい。

⑵　遺言信託でも、遺留分に関する規定の適用を受けることとなる。遺留分請求を免れる目的の遺言信託が無効とされた裁判例がある（東京地裁平成30年9月12日）。よって、誤り。

⑶　一般に、後継ぎ遺贈（第一次受遺者の受ける財産上の利益が、ある条件の成就や期限の到来したときから、第二次受遺者に移転する遺贈をいう）は、無効と解されているが、信託契約では、受益者連続信託を定めることによって後継ぎ遺贈の代替的な役割を果たすことができる。よって、誤り。

【第14問】

正　解：⑴　**（模擬問題）**

⑴　調停が成立した場合には調書が作成され、審判による遺産分割がなされた場合には審判書が作成される。よって、誤り。

⑵　家事事件手続法244条等参照。調停は、家庭裁判所において、調停委員を仲介役として当事者が話し合いをする。よって、正しい。

⑶　通常、調停が行われてもなお、合意に至らない場合、家庭裁判所の審判が行われる。よって、正しい。

【第15問】

正　解：⑵　　**（模擬問題）**

⑴　相続人がいるかどうか不明な場合も、相続人不存在となる。よって、誤り。

⑵　記述のとおり。よって、正しい。

⑶　相続人不在のときに選任されるのは相続財産清算人であって、不在者財産管理人ではない。よって、誤り。

【第16問】

正　解：⑵　　**（模擬問題）**

⑴　相続財産清算人は、相続財産の保存行為とその性質を変えない範囲内での利用・改良行為を行う権限を有する（民法953条、28条、103条）。それを超える範囲の行為を行うには家庭裁判所の許可を受けることを要する（民法28条）。よって、正しい。

⑵　相続財産清算人であるかどうかの確認は、家庭裁判所による選任の審判書または公告によって確認する。相続財産清算人は、利害関係人または検察官の請求によって家庭裁判所が選任する。そして家庭裁判所は相続財産清算人を選任したときはその旨を遅滞なく公告する（民法952条2項）。よって、誤り。

⑶　相殺の意思表示は、相続財産清算人が受け取ることになる。よって、正しい。

【第17問】

正　解：⑵　　**正答率：88.2%**

⑴　預金の払戻しは、払戻しの相手方が正当な権限者でないことについて、金融機関が善意かつ無過失であれば、その払戻しは、受領権者としての外観を有する者に対する弁済として有効なものとなり、後日正当な権限者から改め

て払戻請求があっても、金融機関はこれに応じる法的義務を負わない（民法478条）。よって、正しい。

⑵　金融機関の無過失が主張できる場合に、預金者に相続が発生していたとの情報がもたらされていなかったことが挙げられるが、その情報は、届出・連絡がないというだけでなく、店周辺の噂や報道等の情報がないということも必要であるので、正式な届出がなくても、金融機関はその事実を耳にした時点で知ったとされるため、その時点以降は当該名義人の預金払戻しに応じてはならない。よって、誤り。

⑶　委任契約は、委任者である預金者の死亡によって終了する（民法656条、653条1号）。したがって、金融機関として、相続が発生したことを知ったときは、相続預金口座からの自動引落し処理を、原則として停止する必要がある。よって、正しい。

【第18問】

正　解：⑵　　**正答率：84.9%**

⑴　記述のとおり。よって、正しい。

⑵　渉外担当者等いずれかの役職員が、預金者に相続が発生したことの情報を入手していれば、金融機関は無過失とはされない。よって、誤り。

⑶　記述のとおり。よって、正しい。なお、特定財産承継遺言があったとしても、遺言執行者には払い戻し権限があることが明文化されている（民法1014条3項）。

【第19問】

正　解：⑵　　**正答率：46.3%**

⑵　相殺されない。よって、最も不適切。

【第20問】

正　解：⑶　　**（模擬問題）**

⑴　資金使途が被相続人の葬儀費用であれば、葬儀社からの請求書など使途の裏づけとなる資料の呈示を受けてから払戻しに応じる。場合によっては自行庫からの振込とすることが望ましい。よって、正しい。

(2) 記述のとおり。よって、正しい。

(3) 容易に確認・知りえたという場合も免責されない。よって、誤り。

【第21問】

正　解：(3) **(模擬問題)**

(1)(2) いずれもそのような限定はない。よって、誤り。ただし相続発生から1年以上前の残高や、相続発生後手続完了までの間の証明をするのはやや不自然とも言え、極力その事情を聴取することが望ましい。

(3) 記述のとおり。よって、正しい。

【第22問】

正　解：(1) **(模擬問題)**

(1) 相続税法19条（生前3年間に贈与された財産はみなし相続財産として相続税額の計算の基礎となる旨を定めた条文）に照らして、適切である。よって、本問の正解。

(2) 半分でも権利はあり、依頼目的が正当ならその目的の範囲内で回答すべきである。前半はそのとおりであるが、BはAの代理人である等正当な権限を有していることもあり、一切応じてはならないわけではない。よって、不適切。

(3) 係争事件に関するものでなければ、必ずしも裁判所を経由しなければならないわけではない。よって、不適切。

【第23問】

正　解：(3) **正答率：74.2%**

(1) 被相続人の本国法によることとされている。よって、誤り。

(2) 被相続人が非居住者であるかどうは、相続手続に影響しない。よって、誤り。

(3) 記述のとおり。よって、正しい。

【第24問】

正　解：⑴　　**（模擬問題）**

⑴　記述のとおり。よって、正しい。

⑵　そのようなことはない。外国人イコール英文という考え方は短絡的である。よって、誤り。

⑶　本人確認方法が異なるからといって相続手続を別個にすすめるべきことにはならない。よって、誤り。なお、外国人でも印鑑証明書の提出を受けられる場合もある。

【第25問】

正　解：⑵　　**正答率：69.4%**

⑴　記述のとおり（東京手形交換所規則施行細則77条１一⑶参照）。よって、正しい。

⑵　手形小切手の引落しに応じることはあり得るが、発行に応じることはできない。よって、誤り。

⑶　記述のとおり（民法653条１号）。よって、正しい。

【第26問】

正　解：⑵　　**正答率：76.9%**

⑴　死亡により口座の委任契約は解消される（民法653条１号）。よって、誤り。

⑵　記述のとおり。よって、正しい。

⑶　当座勘定取引は一種の委任契約であることから、委任者が死亡すれば必然に契約は終了する（民法653条１号）。被相続人の当座勘定口座を相続人の一人が引き継いで利用したい旨の申出があった場合、当座勘定取引には委任契約が含まれるので、これに応じるべきでない。よって、誤り。

【第27問】

正　解：⑵　　**正答率：39.8%**

⑴　被相続人の死亡後についてのみ課税される。よって、誤り。

⑵　記述のとおり。よって、正しい。

⑶　上場株式の説明である。非上場株式については相続人が個別に名義変更を

行う。よって、誤り。

【第28問】

正　解：(1)　　**正答率：78.2%**

(1)　被相続人が保有するファンドを相続人が引き継ぐような場合は、ファンドの商品説明・リスク説明を新規購入者と同様に行い目論見書を交付する必要がある。よって、正しい。

(2)　証券会社に依頼して名義変更する。よって、誤り。

(3)　名義変更することも可能である。よって、誤り。

【第29問】

正　解：(3)　　**正答率：55.2%**

(1)　記述のとおり。よって、正しい。

(2)　記述のとおり。よって、正しい。

(3)　併存的債務引受であれば手続きをすることができる。よって、誤り。

【第30問】

正　解：(3)　　**正答率：54.7%**

(1)　相続債務は当然分割承継される。よって、誤り。

(2)　免責的債務引受に関する説明である。併存的債務引受では、引受人以外の相続人は、その債務についてなお免責されず、依然として債務者の地位にある。よって、誤り。

(3)　記述のとおり。よって、正しい。

【第31問】

正　解：(3)　　**正答率：43.0%**

(1)　民法上、「利害関係を有しない第三者は、債務者の意思に反して弁済をすることができない」とされているため(民法472条2項)、免責される相続人の反対がある場合は、免責的債務引受を免責される相続人に主張できない可能性がある。なお、「ただし、債務者の意思に反することを債権者が知らなかったときは、この限りでない」とされている（同項ただし書き）。よって、誤り。

(2)　財産の相続に関係なく一切の義務を負わない。よって、誤り。

(3)　他の相続人に債務が残らないので、時効の管理は引き継いだ相続人についてのみ行えばよい。よって、正しい。

【第32問】

正　解：(3)　　**正答率：47.6%**

(1)　保険金受取人は金融機関である。よって、誤り。

(2)　保険請求の手続は金融機関が行う。よって、誤り。

(3)　極度額を定めた融資枠を再度利用する権利は相続されず、金融機関と契約していた被相続人が死亡した時点での個別債務が相続の対象となる。よって、正しい。

【第33問】

正　解：(3)　　**正答率：55.2%**

(1)(2)　記述のとおり。よって、正しい。

(3)　物上保証人の責任は、担保物件を承継した者が引き継ぐこととなる。よって、誤り。

【第34問】

正　解：(1)　　**(模擬問題)**

(1)　いわゆる事実上の相続放棄であるから、その相続人を相続人から除外して考えることはできない。よって、誤り。

【第35問】

正　解：(2)　　**正答率：63.9%**

各空欄には、次が入る。①家庭裁判所、②不在者財産管理人、③相続財産清算人

よって、(2)が最適な語句の組み合わせとなる。

債務者が死亡し、その相続人のあることが不明である場合、金融機関は債権を取立てる相手がいなくなる。戸籍上、子が生存しているが所在が不明である

ときは、(① 家庭裁判所)に(② 不在者財産管理人)の選任を申立てて、この(② 不在者財産管理人)に相続手続きを行わせて弁済を求める等の方法を検討する。他方、相続人が戸籍上、誰もいないような場合(第3順位までの相続人が全員相続放棄をした場合を含む)は、(① 家庭裁判所)に(③ 相続財産清算人)の選任を申立てて、その(③ 相続財産清算人)に弁済を求めることとなる。

【第36問】

正　解：⑶　　**正答率：65.3%**

⑴　当該相続人の法定相続分を差押さえすることができる。よって、誤り。

⑵　相殺することができる。よって、誤り。

⑶　貸金庫の内容物は被相続人の所有物とは限らず、また債権と債務が同じ性質でもないため相殺はできない。よって、正しい。

資　料

民法　第五編　相続　（抜粋）

第一章　総則

（相続開始の原因）
第八百八十二条　相続は、死亡によって開始する。
（相続開始の場所）
第八百八十三条　相続は、被相続人の住所において開始する。
（相続回復請求権）
第八百八十四条　相続回復の請求権は、相続人又はその法定代理人が相続権を侵害された事実を知った時から五年間行使しないときは、時効によって消滅する。相続開始の時から二十年を経過したときも、同様とする。

第二章　相続人

（相続に関する胎児の権利能力）
第八百八十六条　胎児は、相続については、既に生まれたものとみなす。
２　前項の規定は、胎児が死体で生まれたときは、適用しない。
（子及びその代襲者等の相続権）
第八百八十七条　被相続人の子は、相続人となる。
２　被相続人の子が、相続の開始以前に死亡したとき、又は第八百九十一条の規定に該当し、若しくは廃除によって、その相続権を失ったときは、その者の子がこれを代襲して相続人となる。ただし、被相続人の直系卑属でない者は、この限りでない。
３　前項の規定は、代襲者が、相続の開始以前に死亡し、又は第八百九十一条の規定に該当し、若しくは廃除によって、その代襲相続権を失った場合について準用する。

第八百八十八条　削除

（直系尊属及び兄弟姉妹の相続権）

第八百八十九条　次に掲げる者は、第八百八十七条の規定により相続人となるべき者がない場合には、次に掲げる順序の順位に従って相続人となる。

一　被相続人の直系尊属。ただし、親等の異なる者の間では、その近い者を先にする。

二　被相続人の兄弟姉妹

２　第八百八十七条第二項の規定は、前項第二号の場合について準用する。

（配偶者の相続権）

第八百九十条　被相続人の配偶者は、常に相続人となる。この場合において、第八百八十七条又は前条の規定により相続人となるべき者があるときは、その者と同順位とする。

（相続人の欠格事由）

第八百九十一条　次に掲げる者は、相続人となることができない。

一　故意に被相続人又は相続について先順位若しくは同順位にある者を死亡するに至らせ、又は至らせようとしたために、刑に処せられた者

二　被相続人の殺害されたことを知って、これを告発せず、又は告訴しなかった者。ただし、その者に是非の弁別がないとき、又は殺害者が自己の配偶者若しくは直系血族であったときは、この限りでない。

三　詐欺又は強迫によって、被相続人が相続に関する遺言をし、撤回し、取り消し、又は変更することを妨げた者

四　詐欺又は強迫によって、被相続人に相続に関する遺言をさせ、撤回させ、取り消させ、又は変更させた者

五　相続に関する被相続人の遺言書を偽造し、変造し、破棄し、又は隠匿した者

（推定相続人の廃除）

第八百九十二条　遺留分を有する推定相続人（相続が開始した場合に相続人となるべき者をいう。以下同じ。）が、被相続人に対して虐待をし、若しくはこれに重大な侮辱を加えたとき、又は推定相続人にその他の著しい非行があったときは、被相続人は、その推定相続人の廃除を家庭裁判所に請求することができる。

（遺言による推定相続人の廃除）
第八百九十三条　被相続人が遺言で推定相続人を廃除する意思を表示したときは、遺言執行者は、その遺言が効力を生じた後、遅滞なく、その推定相続人の廃除を家庭裁判所に請求しなければならない。この場合において、その推定相続人の廃除は、被相続人の死亡の時にさかのぼってその効力を生ずる。
（推定相続人の廃除の取消し）
第八百九十四条　被相続人は、いつでも、推定相続人の廃除の取消しを家庭裁判所に請求することができる。
２　前条の規定は、推定相続人の廃除の取消しについて準用する。
（推定相続人の廃除に関する審判確定前の遺産の管理）
第八百九十五条　推定相続人の廃除又はその取消しの請求があった後その審判が確定する前に相続が開始したときは、家庭裁判所は、親族、利害関係人又は検察官の請求によって、遺産の管理について必要な処分を命ずることができる。推定相続人の廃除の遺言があったときも、同様とする。
２　第二十七条から第二十九条までの規定は、前項の規定により家庭裁判所が遺産の管理人を選任した場合について準用する。

第三章　相続の効力

第一節　総則

（相続の一般的効力）
第八百九十六条　相続人は、相続開始の時から、被相続人の財産に属した一切の権利義務を承継する。ただし、被相続人の一身に専属したものは、この限りでない。
（相続財産の保存）
第八百九十七条の二　家庭裁判所は、利害関係人又は検察官の請求によって、いつでも、相続財産の管理人の選任その他の相続財産の保存に必要な処分を命ずることができる。ただし、相続人が一人である場合においてその相続人が相続の単純承認をしたとき、相続人が数人ある場合において遺産の全部の分割がされたとき、又は第九百五十二条第一項の規定により相続財産の清算人が選任されているときは、この限りでない。
2　第二十七条から第二十九条までの規定は、前項の規定により家庭裁判所が相続財産の管理人を選任した場合について準用する。
（共同相続の効力）
第八百九十八条　相続人が数人あるときは、相続財産は、その共有に属する。
2　相続財産について共有に関する規定を適用するときは、第九百条から第九百二条までの規定により算定した相続分をもって各相続人の共有持分とする。
第八百九十九条　各共同相続人は、その相続分に応じて被相続人の権利義務を承継する。
（共同相続における権利の承継の対抗要件）
第八百九十九条の二　相続による権利の承継は、遺産の分割によるものかどうかにかかわらず、次条及び第九百一条の規定により算定した相続分を超える部分については、登記、登録その他の対抗要件を備えなければ、第三者に対抗することができない。
2　前項の権利が債権である場合において、次条及び第九百一条の規定により算定した相続分を超えて当該債権を承継した共同相続人が当該債権に係る遺言の内容（遺産の分割により当該債権を承継した場合にあっては、当該債権に係る遺産の分割の内容）を明らかにして債務者にその承継の通知をしたときは、共同相続人の全員が債務者に通知をしたものとみなして、同項の規定を適用する。

第二節　相続分

（法定相続分）
第九百条　同順位の相続人が数人あるときは、その相続分は、次の各号の定めるところによる。
一　子及び配偶者が相続人であるときは、子の相続分及び配偶者の相続分は、各二分の一とする。
二　配偶者及び直系尊属が相続人であるときは、配偶者の相続分は、三分の二とし、直系尊属の相続分は、三分の一とする。

三　配偶者及び兄弟姉妹が相続人であるときは、配偶者の相続分は、四分の三とし、兄弟姉妹の相続分は、四分の一とする。

四　子、直系尊属又は兄弟姉妹が数人あるときは、各自の相続分は、相等しいものとする。ただし、父母の一方のみを同じくする兄弟姉妹の相続分は、父母の双方を同じくする兄弟姉妹の相続分の二分の一とする。

（代襲相続人の相続分）

第九百一条　第八百八十七条第二項又は第三項の規定により相続人となる直系卑属の相続分は、その直系尊属が受けるべきであったものと同じとする。ただし、直系卑属が数人あるときは、その各自の直系尊属が受けるべきであった部分について、前条の規定に従ってその相続分を定める。

２　前項の規定は、第八百八十九条第二項の規定により兄弟姉妹の子が相続人となる場合について準用する。

（遺言による相続分の指定）

第九百二条　被相続人は、前二条の規定にかかわらず、遺言で、共同相続人の相続分を定め、又はこれを定めることを第三者に委託することができる。

２　被相続人が、共同相続人中の一人若しくは数人の相続分のみを定め、又はこれを第三者に定めさせたときは、他の共同相続人の相続分は、前二条の規定により定める。

（相続分の指定がある場合の債権者の権利の行使）

第九百二条の二　被相続人が相続開始の時において有した債務の債権者は、前条の規定による相続分の指定がされた場合であっても、各共同相続人に対し、第九百条及び第九百一条の規定により算定した相続分に応じてその権利を行使することができる。ただし、その債権者が共同相続人の一人に対してその指定された相続分に応じた債務の承継を承認したときは、この限りでない。

（特別受益者の相続分）

第九百三条　共同相続人中に、被相続人から、遺贈を受け、又は婚姻若しくは養子縁組のため若しくは生計の資本として贈与を受けた者があるときは、被相続人が相続開始の時において有した財産の価額にその贈与の価額を加えたものを相続財産とみなし、第九百条から第九百二条までの規定により算定した相続分の中からその遺贈又は贈与の価額を控除した残額をもってその者の相続分とする。

2　遺贈又は贈与の価額が、相続分の価額に等しく、又はこれを超えるときは、受遺者又は受贈者は、その相続分を受けることができない。
3　被相続人が前二項の規定と異なった意思を表示したときは、その意思に従う。
4　婚姻期間が二十年以上の夫婦の一方である被相続人が、他の一方に対し、その居住の用に供する建物又はその敷地について遺贈又は贈与をしたときは、当該被相続人は、その遺贈又は贈与について第一項の規定を適用しない旨の意思を表示したものと推定する。
第九百四条　前条に規定する贈与の価額は、受贈者の行為によって、その目的である財産が滅失し、又はその価格の増減があったときであっても、相続開始の時においてなお原状のままであるものとみなしてこれを定める。
（寄与分）
第九百四条の二　共同相続人中に、被相続人の事業に関する労務の提供又は財産上の給付、被相続人の療養看護その他の方法により被相続人の財産の維持又は増加について特別の寄与をした者があるときは、被相続人が相続開始の時において有した財産の価額から共同相続人の協議で定めたその者の寄与分を控除したものを相続財産とみなし、第九百条から第九百二条までの規定により算定した相続分に寄与分を加えた額をもってその者の相続分とする。
2　前項の協議が調わないとき、又は協議をすることができないときは、家庭裁判所は、同項に規定する寄与をした者の請求により、寄与の時期、方法及び程度、相続財産の額その他一切の事情を考慮して、寄与分を定める。
3　寄与分は、被相続人が相続開始の時において有した財産の価額から遺贈の価額を控除した残額を超えることができない。
4　第二項の請求は、第九百七条第二項の規定による請求があった場合又は第九百十条に規定する場合にすることができる。
（期間経過後の遺産の分割における相続分）
第九百四条の三　前三条の規定は、相続開始の時から十年を経過した後にする遺産の分割については、適用しない。ただし、次の各号のいずれかに該当するときは、この限りでない。
一　相続開始の時から十年を経過する前に、相続人が家庭裁判所に遺産の分割の請求をしたとき。

二　相続開始の時から始まる十年の期間の満了前六箇月以内の間に、遺産の分割を請求することができないやむを得ない事由が相続人にあった場合において、その事由が消滅した時から六箇月を経過する前に、当該相続人が家庭裁判所に遺産の分割の請求をしたとき。

第三節　遺産の分割

（遺産の分割の基準）

第九百六条　遺産の分割は、遺産に属する物又は権利の種類及び性質、各相続人の年齢、職業、心身の状態及び生活の状況その他一切の事情を考慮してこれをする。

（遺産の分割前に遺産に属する財産が処分された場合の遺産の範囲）

第九百六条の二　遺産の分割前に遺産に属する財産が処分された場合であっても、共同相続人は、その全員の同意により、当該処分された財産が遺産の分割時に遺産として存在するものとみなすことができる。

２　前項の規定にかかわらず、共同相続人の一人又は数人により同項の財産が処分されたときは、当該共同相続人については、同項の同意を得ることを要しない。

（遺産の分割の協議又は審判）

第九百七条　共同相続人は、次条第一項の規定により被相続人が遺言で禁じた場合又は同条第二項の規定により分割をしない旨の契約をした場合を除き、いつでも、その協議で、遺産の全部又は一部の分割をすることができる。

２　遺産の分割について、共同相続人間に協議が調わないとき、又は協議をすることができないときは、各共同相続人は、その分割を家庭裁判所に請求することができる。ただし、遺産の一部を分割することにより他の共同相続人の利益を害するおそれがある場合におけるその一部の分割については、この限りでない。

（遺産の分割の方法の指定及び遺産の分割の禁止）

第九百八条　被相続人は、遺言で、遺産の分割の方法を定め、若しくはこれを定めることを第三者に委託し、又は相続開始の時から五年を超えない期間を定めて、遺産の分割を禁ずることができる。

2　共同相続人は、五年以内の期間を定めて、遺産の全部又は一部について、その分割をしない旨の契約をすることができる。ただし、その期間の終期は、相続開始の時から十年を超えることができない。

3　前項の契約は、五年以内の期間を定めて更新することができる。ただし、その期間の終期は、相続開始の時から十年を超えることができない。

4　前条第二項本文の場合において特別の事由があるときは、家庭裁判所は、五年以内の期間を定めて、遺産の全部又は一部について、その分割を禁ずることができる。ただし、その期間の終期は、相続開始の時から十年を超えることができない。

5　家庭裁判所は、五年以内の期間を定めて前項の期間を更新することができる。ただし、その期間の終期は、相続開始の時から十年を超えることができない。

（遺産の分割の効力）

第九百九条　遺産の分割は、相続開始の時にさかのぼってその効力を生ずる。ただし、第三者の権利を害することはできない。

（遺産の分割前における預貯金債権の行使）

第九百九条の二　各共同相続人は、遺産に属する預貯金債権のうち相続開始の時の債権額の三分の一に第九百条及び第九百一条の規定により算定した当該共同相続人の相続分を乗じた額（標準的な当面の必要生計費、平均的な葬式の費用の額その他の事情を勘案して預貯金債権の債務者ごとに法務省令で定める額を限度とする。）については、単独でその権利を行使することができる。この場合において、当該権利の行使をした預貯金債権については、当該共同相続人が遺産の一部の分割によりこれを取得したものとみなす。

第四章　相続の承認及び放棄

第一節　総則

（相続の承認又は放棄をすべき期間）

第九百十五条　相続人は、自己のために相続の開始があったことを知った時から三箇月以内に、相続について、単純若しくは限定の承認又は放棄をしなければならない。ただし、この期間は、利害関係人又は検察官の請求によって、家庭裁判所において伸長することができる。

２　相続人は、相続の承認又は放棄をする前に、相続財産の調査をすることができる。

第九百十六条　相続人が相続の承認又は放棄をしないで死亡したときは、前条第一項の期間は、その者の相続人が自己のために相続の開始があったことを知った時から起算する。

第九百十七条　相続人が未成年者又は成年被後見人であるときは、第九百十五条第一項の期間は、その法定代理人が未成年者又は成年被後見人のために相続の開始があったことを知った時から起算する。

（相続人による管理）

第九百十八条　相続人は、その固有財産におけるのと同一の注意をもって、相続財産を管理しなければならない。ただし、相続の承認又は放棄をしたときは、この限りでない。

（相続の承認及び放棄の撤回及び取消し）

第九百十九条　相続の承認及び放棄は、第九百十五条第一項の期間内でも、撤回することができない。

２　前項の規定は、第一編（総則）及び前編（親族）の規定により相続の承認又は放棄の取消しをすることを妨げない。

３　前項の取消権は、追認をすることができる時から六箇月間行使しないときは、時効によって消滅する。相続の承認又は放棄の時から十年を経過したときも、同様とする。

４　第二項の規定により限定承認又は相続の放棄の取消しをしようとする者は、その旨を家庭裁判所に申述しなければならない。

第二節　相続の承認

第一款　単純承認

（単純承認の効力）

第九百二十条　相続人は、単純承認をしたときは、無限に被相続人の権利義務を承継する。
（法定単純承認）
第九百二十一条　次に掲げる場合には、相続人は、単純承認をしたものとみなす。
一　相続人が相続財産の全部又は一部を処分したとき。ただし、保存行為及び第六百二条に定める期間を超えない賃貸をすることは、この限りでない。
二　相続人が第九百十五条第一項の期間内に限定承認又は相続の放棄をしなかったとき。
三　相続人が、限定承認又は相続の放棄をした後であっても、相続財産の全部若しくは一部を隠匿し、私にこれを消費し、又は悪意でこれを相続財産の目録中に記載しなかったとき。ただし、その相続人が相続の放棄をしたことによって相続人となった者が相続の承認をした後は、この限りでない。

第二款　限定承認

（限定承認）
第九百二十二条　相続人は、相続によって得た財産の限度においてのみ被相続人の債務及び遺贈を弁済すべきことを留保して、相続の承認をすることができる。
（共同相続人の限定承認）
第九百二十三条　相続人が数人あるときは、限定承認は、共同相続人の全員が共同してのみこれをすることができる。
（限定承認の方式）
第九百二十四条　相続人は、限定承認をしようとするときは、第九百十五条第一項の期間内に、相続財産の目録を作成して家庭裁判所に提出し、限定承認をする旨を申述しなければならない。
（限定承認をしたときの権利義務）
第九百二十五条　相続人が限定承認をしたときは、その被相続人に対して有した権利義務は、消滅しなかったものとみなす。
（限定承認者による管理）
第九百二十六条　限定承認者は、その固有財産におけるのと同一の注意をもって、相続財産の管理を継続しなければならない。

２　前六百四十五条、第六百四十六条並びに第六百五十条第一項及び第二項の規定は、前項の場合について準用する。

（相続債権者及び受遺者に対する公告及び催告）

第九百二十七条　限定承認者は、限定承認をした後五日以内に、すべての相続債権者（相続財産に属する債務の債権者をいう。以下同じ。）及び受遺者に対し、限定承認をしたこと及び一定の期間内にその請求の申出をすべき旨を公告しなければならない。この場合において、その期間は、二箇月を下ることができない。

２　前項の規定による公告には、相続債権者及び受遺者がその期間内に申出をしないときは弁済から除斥されるべき旨を付記しなければならない。ただし、限定承認者は、知れている相続債権者及び受遺者を除斥することができない。

３　限定承認者は、知れている相続債権者及び受遺者には、各別にその申出の催告をしなければならない。

４　第一項の規定による公告は、官報に掲載してする。

（公告期間満了前の弁済の拒絶）

第九百二十八条　限定承認者は、前条第一項の期間の満了前には、相続債権者及び受遺者に対して弁済を拒むことができる。

（受遺者に対する弁済）

第九百三十一条　限定承認者は、前二条の規定に従って各相続債権者に弁済をした後でなければ、受遺者に弁済をすることができない。

（弁済のための相続財産の換価）

第九百三十二条　前三条の規定に従って弁済をするにつき相続財産を売却する必要があるときは、限定承認者は、これを競売に付さなければならない。ただし、家庭裁判所が選任した鑑定人の評価に従い相続財産の全部又は一部の価額を弁済して、その競売を止めることができる。

（相続人が数人ある場合の相続財産の清算人）

第九百三十六条　相続人が数人ある場合には、家庭裁判所は、相続人の中から、相続財産の清算人を選任しなければならない。

２　前項の相続財産の清算人は、相続人のために、これに代わって、相続財産の管理及び債務の弁済に必要な一切の行為をする。

3　第九百二十六条から前条までの規定は、第一項の相続財産の清算人について準用する。この場合において、第九百二十七条第一項中「限定承認をした後五日以内」とあるのは、「その相続財産の清算人の選任があった後十日以内」と読み替えるものとする。

第三節　相続の放棄

（相続の放棄の方式）
第九百三十八条　相続の放棄をしようとする者は、その旨を家庭裁判所に申述しなければならない。
（相続の放棄の効力）
第九百三十九条　相続の放棄をした者は、その相続に関しては、初めから相続人とならなかったものとみなす。
（相続の放棄をした者による管理）
第九百四十条　相続の放棄をした者は、その放棄の時に相続財産に属する財産を現に占有しているときは、相続人又は第九百五十二条第一項の相続財産の清算人に対して当該財産を引き渡すまでの間、自己の財産におけるのと同一の注意をもって、その財産を保存しなければならない。
2　第六百四十五条、第六百四十六条並びに第六百五十条第一項及び第二項の規定は、前項の場合について準用する。

第六章　相続人の不存在

（相続財産法人の成立）
第九百五十一条　相続人のあることが明らかでないときは、相続財産は、法人とする。
（相続財産の清算人の選任）
第九百五十二条　前条の場合には、家庭裁判所は、利害関係人又は検察官の請求によって、相続財産の清算人を選任しなければならない。
2　前項の規定により相続財産の清算人を選任したときは、家庭裁判所は、遅滞なく、その旨及び相続人があるならば一定の期間内にその権利を主張すべき旨を公告しなければならない。この場合において、その期間は、六箇月を下ることができない。

（不在者の財産の管理人に関する規定の準用）

第九百五十三条　第二十七条から第二十九条までの規定は、前条第一項の相続財産の清算人（以下この章において単に「相続財産の清算人」という。）について準用する。

（相続財産の清算人の報告）

第九百五十四条　相続財産の清算人は、相続債権者又は受遺者の請求があるときは、その請求をした者に相続財産の状況を報告しなければならない。

（相続財産法人の不成立）

第九百五十五条　相続人のあることが明らかになったときは、第九百五十一条の法人は、成立しなかったものとみなす。ただし、相続財産の清算人がその権限内でした行為の効力を妨げない。

（相続財産の清算人の代理権の消滅）

第九百五十六条　相続財産の清算人の代理権は、相続人が相続の承認をした時に消滅する。

２　前項の場合には、相続財産の清算人は、遅滞なく相続人に対して清算に係る計算をしなければならない。

（相続債権者及び受遺者に対する弁済）

第九百五十七条　第九百五十二条第二項の公告があったときは、相続財産の清算人は、全ての相続債権者及び受遺者に対し、二箇月以上の期間を定めて、その期間内にその請求の申出をすべき旨を公告しなければならない。この場合において、その期間は、同項の規定により相続人が権利を主張すべき期間として家庭裁判所が公告した期間内に満了するものでなければならない。

２　第九百二十七条第二項から第四項まで及び第九百二十八条から第九百三十五条まで（第九百三十二条ただし書を除く。）の規定は、前項の場合について準用する。

（権利を主張する者がない場合）

第九百五十八条　第九百五十二条第二項の期間内に相続人としての権利を主張する者がないときは、相続人並びに相続財産の清算人に知れなかった相続債権者及び受遺者は、その権利を行使することができない。

（特別縁故者に対する相続財産の分与）
第九百五十八条の二　前条の場合において、相当と認めるときは、家庭裁判所は、被相続人と生計を同じくしていた者、被相続人の療養看護に努めた者その他被相続人と特別の縁故があった者の請求によって、これらの者に、清算後残存すべき相続財産の全部又は一部を与えることができる。
２　前項の請求は、第九百五十二条第二項の期間の満了後三箇月以内にしなければならない。
（残余財産の国庫への帰属）
第九百五十九条　前条の規定により処分されなかった相続財産は、国庫に帰属する。この場合においては、第九百五十六条第二項の規定を準用する。

第七章　遺言

第一節　総則

（遺言の方式）
第九百六十条　遺言は、この法律に定める方式に従わなければ、することができない。
（遺言能力）
第九百六十一条　十五歳に達した者は、遺言をすることができる。
第九百六十二条　第五条、第九条、第十三条及び第十七条の規定は、遺言については、適用しない。
第九百六十三条　遺言者は、遺言をする時においてその能力を有しなければならない。
（包括遺贈及び特定遺贈）
第九百六十四条　遺言者は、包括又は特定の名義で、その財産の全部又は一部を処分することができる。
（相続人に関する規定の準用）
第九百六十五条　第八百八十六条及び第八百九十一条の規定は、受遺者について準用する。

（被後見人の遺言の制限）

第九百六十六条　被後見人が、後見の計算の終了前に、後見人又はその配偶者若しくは直系卑属の利益となるべき遺言をしたときは、その遺言は、無効とする。

２　前項の規定は、直系血族、配偶者又は兄弟姉妹が後見人である場合には、適用しない。

第二節　遺言の方式

第一款　普通の方式

（普通の方式による遺言の種類）

第九百六十七条　遺言は、自筆証書、公正証書又は秘密証書によってしなければならない。ただし、特別の方式によることを許す場合は、この限りでない。

（自筆証書遺言）

第九百六十八条　自筆証書によって遺言をするには、遺言者が、その全文、日付及び氏名を自書し、これに印を押さなければならない。

２　前項の規定にかかわらず、自筆証書にこれと一体のものとして相続財産（第九百九十七条第一項に規定する場合における同項に規定する権利を含む。）の全部又は一部の目録を添付する場合には、その目録については、自書することを要しない。この場合において、遺言者は、その目録の毎葉（自書によらない記載がその両面にある場合にあっては、その両面）に署名し、印を押さなければならない。

３　自筆証書（前項の目録を含む。）中の加除その他の変更は、遺言者が、その場所を指示し、これを変更した旨を付記して特にこれに署名し、かつ、その変更の場所に印を押さなければ、その効力を生じない。

（公正証書遺言）

第九百六十九条　公正証書によって遺言をするには、次に掲げる方式に従わなければならない。

一　証人二人以上の立会いがあること。

二　遺言者が遺言の趣旨を公証人に口授すること。

三　公証人が、遺言者の口述を筆記し、これを遺言者及び証人に読み聞かせ、又は閲覧させること。
四　遺言者及び証人が、筆記の正確なことを承認した後、各自これに署名し、印を押すこと。ただし、遺言者が署名することができない場合は、公証人がその事由を付記して、署名に代えることができる。
五　公証人が、その証書は前各号に掲げる方式に従って作ったものである旨を付記して、これに署名し、印を押すこと。
（公正証書遺言の方式の特則）
第九百六十九条の二　口がきけない者が公正証書によって遺言をする場合には、遺言者は、公証人及び証人の前で、遺言の趣旨を通訳人の通訳により申述し、又は自書して、前条第二号の口授に代えなければならない。この場合における同条第三号の規定の適用については、同号中「口述」とあるのは、「通訳人の通訳による申述又は自書」とする。
２　前条の遺言者又は証人が耳が聞こえない者である場合には、公証人は、同条第三号に規定する筆記した内容を通訳人の通訳により遺言者又は証人に伝えて、同号の読み聞かせに代えることができる。
３　公証人は、前二項に定める方式に従って公正証書を作ったときは、その旨をその証書に付記しなければならない。
（秘密証書遺言）
第九百七十条　秘密証書によって遺言をするには、次に掲げる方式に従わなければならない。
一　遺言者が、その証書に署名し、印を押すこと。
二　遺言者が、その証書を封じ、証書に用いた印章をもってこれに封印すること。
三　遺言者が、公証人一人及び証人二人以上の前に封書を提出して、自己の遺言書である旨並びにその筆者の氏名及び住所を申述すること。
四　公証人が、その証書を提出した日付及び遺言者の申述を封紙に記載した後、遺言者及び証人とともにこれに署名し、印を押すこと。
２　第九百六十八条第三項の規定は、秘密証書による遺言について準用する。
（方式に欠ける秘密証書遺言の効力）
第九百七十一条　秘密証書による遺言は、前条に定める方式に欠けるものがあっても、第九百六十八条に定める方式を具備しているときは、自筆証書による遺言としてその効力を有する。

（秘密証書遺言の方式の特則）

第九百七十二条　口がきけない者が秘密証書によって遺言をする場合には、遺言者は、公証人及び証人の前で、その証書は自己の遺言書である旨並びにその筆者の氏名及び住所を通訳人の通訳により申述し、又は封紙に自書して、第九百七十条第一項第三号の申述に代えなければならない。

２　前項の場合において、遺言者が通訳人の通訳により申述したときは、公証人は、その旨を封紙に記載しなければならない。

３　第一項の場合において、遺言者が封紙に自書したときは、公証人は、その旨を封紙に記載して、第九百七十条第一項第四号に規定する申述の記載に代えなければならない。

（成年被後見人の遺言）

第九百七十三条　成年被後見人が事理を弁識する能力を一時回復した時において遺言をするには、医師二人以上の立会いがなければならない。

２　遺言に立ち会った医師は、遺言者が遺言をする時において精神上の障害により事理を弁識する能力を欠く状態になかった旨を遺言書に付記して、これに署名し、印を押さなければならない。ただし、秘密証書による遺言にあっては、その封紙にその旨の記載をし、署名し、印を押さなければならない。

（証人及び立会人の欠格事由）

第九百七十四条　次に掲げる者は、遺言の証人又は立会人となることができない。

一　未成年者

二　推定相続人及び受遺者並びにこれらの配偶者及び直系血族

三　公証人の配偶者、四親等内の親族、書記及び使用人

（共同遺言の禁止）

第九百七十五条　遺言は、二人以上の者が同一の証書ですることができない。

第二款　特別の方式

（死亡の危急に迫った者の遺言）

第九百七十六条　疾病その他の事由によって死亡の危急に迫った者が遺言をしようとするときは、証人三人以上の立会いをもって、その一人に遺言の趣旨を口授して、これをすることができる。この場合においては、その口授を受けた者が、これを筆記して、遺言者及び他の証人に読み聞かせ、又は閲覧させ、各証人がその筆記の正確なことを承認した後、これに署名し、印を押さなければならない。

２　口がきけない者が前項の規定により遺言をする場合には、遺言者は、証人の前で、遺言の趣旨を通訳人の通訳により申述して、同項の口授に代えなければならない。

３　第一項後段の遺言者又は他の証人が耳が聞こえない者である場合には、遺言の趣旨の口授又は申述を受けた者は、同項後段に規定する筆記した内容を通訳人の通訳によりその遺言者又は他の証人に伝えて、同項後段の読み聞かせに代えることができる。

４　前三項の規定によりした遺言は、遺言の日から二十日以内に、証人の一人又は利害関係人から家庭裁判所に請求してその確認を得なければ、その効力を生じない。

５　家庭裁判所は、前項の遺言が遺言者の真意に出たものであるとの心証を得なければ、これを確認することができない。

（伝染病隔離者の遺言）

第九百七十七条　伝染病のため行政処分によって交通を断たれた場所に在る者は、警察官一人及び証人一人以上の立会いをもって遺言書を作ることができる。

（在船者の遺言）

第九百七十八条　船舶中に在る者は、船長又は事務員一人及び証人二人以上の立会いをもって遺言書を作ることができる。

（船舶遭難者の遺言）

第九百七十九条　船舶が遭難した場合において、当該船舶中に在って死亡の危急に迫った者は、証人二人以上の立会いをもって口頭で遺言をすることができる。

２　口がきけない者が前項の規定により遺言をする場合には、遺言者は、通訳人の通訳によりこれをしなければならない。

３　前二項の規定に従ってした遺言は、証人が、その趣旨を筆記して、これに署名し、印を押し、かつ、証人の一人又は利害関係人から遅滞なく家庭裁判所に請求してその確認を得なければ、その効力を生じない。

４　第九百七十六条第五項の規定は、前項の場合について準用する。

（遺言関係者の署名及び押印）

第九百八十条　第九百七十七条及び第九百七十八条の場合には、遺言者、筆者、立会人及び証人は、各自遺言書に署名し、印を押さなければならない。

（署名又は押印が不能の場合）

第九百八十一条　第九百七十七条から第九百七十九条までの場合において、署名又は印を押すことのできない者があるときは、立会人又は証人は、その事由を付記しなければならない。

（普通の方式による遺言の規定の準用）

第九百八十二条　第九百六十八条第三項及び第九百七十三条から第九百七十五条までの規定は、第九百七十六条から前条までの規定による遺言について準用する。

（特別の方式による遺言の効力）

第九百八十三条　第九百七十六条から前条までの規定によりした遺言は、遺言者が普通の方式によって遺言をすることができるようになった時から六箇月間生存するときは、その効力を生じない。

（外国に在る日本人の遺言の方式）

第九百八十四条　日本の領事の駐在する地に在る日本人が公正証書又は秘密証書によって遺言をしようとするときは、公証人の職務は、領事が行う。

第三節　遺言の効力

（遺言の効力の発生時期）

第九百八十五条　遺言は、遺言者の死亡の時からその効力を生ずる。

2　遺言に停止条件を付した場合において、その条件が遺言者の死亡後に成就したときは、遺言は、条件が成就した時からその効力を生ずる。

（遺贈の放棄）

第九百八十六条　受遺者は、遺言者の死亡後、いつでも、遺贈の放棄をすることができる。

2　遺贈の放棄は、遺言者の死亡の時にさかのぼってその効力を生ずる。

（受遺者に対する遺贈の承認又は放棄の催告）

第九百八十七条　遺贈義務者（遺贈の履行をする義務を負う者をいう。以下この節において同じ。）その他の利害関係人は、受遺者に対し、相当の期間を定めて、その期間内に遺贈の承認又は放棄をすべき旨の催告をすることができる。この場合において、受遺者がその期間内に遺贈義務者に対してその意思を表示しないときは、遺贈を承認したものとみなす。

（受遺者の相続人による遺贈の承認又は放棄）

第九百八十八条　受遺者が遺贈の承認又は放棄をしないで死亡したときは、その相続人は、自己の相続権の範囲内で、遺贈の承認又は放棄をすることができる。ただし、遺言者がその遺言に別段の意思を表示したときは、その意思に従う。

（遺贈の承認及び放棄の撤回及び取消し）

第九百八十九条　遺贈の承認及び放棄は、撤回することができない。

2　第九百十九条第二項及び第三項の規定は、遺贈の承認及び放棄について準用する。

（包括受遺者の権利義務）

第九百九十条　包括受遺者は、相続人と同一の権利義務を有する。

（受遺者による担保の請求）

第九百九十一条　受遺者は、遺贈が弁済期に至らない間は、遺贈義務者に対して相当の担保を請求することができる。停止条件付きの遺贈についてその条件の成否が未定である間も、同様とする。

（受遺者による果実の取得）

第九百九十二条　受遺者は、遺贈の履行を請求することができる時から果実を取得する。ただし、遺言者がその遺言に別段の意思を表示したときは、その意思に従う。

（遺贈義務者による費用の償還請求）
第九百九十三条　第二百九十九条の規定は、遺贈義務者が遺言者の死亡後に遺贈の目的物について費用を支出した場合について準用する。
２　果実を収取するために支出した通常の必要費は、果実の価格を超えない限度で、その償還を請求することができる。
（受遺者の死亡による遺贈の失効）
第九百九十四条　遺贈は、遺言者の死亡以前に受遺者が死亡したときは、その効力を生じない。
２　停止条件付きの遺贈については、受遺者がその条件の成就前に死亡したときも、前項と同様とする。ただし、遺言者がその遺言に別段の意思を表示したときは、その意思に従う。
（遺贈の無効又は失効の場合の財産の帰属）
第九百九十五条　遺贈が、その効力を生じないとき、又は放棄によってその効力を失ったときは、受遺者が受けるべきであったものは、相続人に帰属する。ただし、遺言者がその遺言に別段の意思を表示したときは、その意思に従う。
（相続財産に属しない権利の遺贈）
第九百九十六条　遺贈は、その目的である権利が遺言者の死亡の時において相続財産に属しなかったときは、その効力を生じない。ただし、その権利が相続財産に属するかどうかにかかわらず、これを遺贈の目的としたものと認められるときは、この限りでない。
第九百九十七条　相続財産に属しない権利を目的とする遺贈が前条ただし書の規定により有効であるときは、遺贈義務者は、その権利を取得して受遺者に移転する義務を負う。
２　前項の場合において、同項に規定する権利を取得することができないとき、又はこれを取得するについて過分の費用を要するときは、遺贈義務者は、その価額を弁償しなければならない。ただし、遺言者がその遺言に別段の意思を表示したときは、その意思に従う。
（不特定物の遺贈義務者の担保責任）
第九百九十八条　不特定物を遺贈の目的とした場合において、受遺者がこれにつき第三者から追奪を受けたときは、遺贈義務者は、これに対して、売主と同じく、担保の責任を負う。

2　不特定物を遺贈の目的とした場合において、物に瑕疵があったときは、遺贈義務者は、瑕疵のない物をもってこれに代えなければならない。

（遺贈の物上代位）

第九百九十九条　遺言者が、遺贈の目的物の滅失若しくは変造又はその占有の喪失によって第三者に対して償金を請求する権利を有するときは、その権利を遺贈の目的としたものと推定する。

2　遺贈の目的物が、他の物と付合し、又は混和した場合において、遺言者が第二百四十三条から第二百四十五条までの規定により合成物又は混和物の単独所有者又は共有者となったときは、その全部の所有権又は持分を遺贈の目的としたものと推定する。

（第三者の権利の目的である財産の遺贈）

第千条　遺贈の目的である物又は権利が遺言者の死亡の時において第三者の権利の目的であるときは、受遺者は、遺贈義務者に対しその権利を消滅させるべき旨を請求することができない。ただし、遺言者がその遺言に反対の意思を表示したときは、この限りでない。

（債権の遺贈の物上代位）

第千一条　債権を遺贈の目的とした場合において、遺言者が弁済を受け、かつ、その受け取った物がなお相続財産中に在るときは、その物を遺贈の目的としたものと推定する。

2　金銭を目的とする債権を遺贈の目的とした場合においては、相続財産中にその債権額に相当する金銭がないときであっても、その金額を遺贈の目的としたものと推定する。

（負担付遺贈）

第千二条　負担付遺贈を受けた者は、遺贈の目的の価額を超えない限度においてのみ、負担した義務を履行する責任を負う。

2　受遺者が遺贈の放棄をしたときは、負担の利益を受けるべき者は、自ら受遺者となることができる。ただし、遺言者がその遺言に別段の意思を表示したときは、その意思に従う。

（負担付遺贈の受遺者の免責）

第千三条　負担付遺贈の目的の価額が相続の限定承認又は遺留分回復の訴えによって減少したときは、受遺者は、その減少の割合に応じて、その負担した義務を免れる。ただし、遺言者がその遺言に別段の意思を表示したときは、その意思に従う。

第四節　遺言の執行

（遺言書の検認）

第千四条　遺言書の保管者は、相続の開始を知った後、遅滞なく、これを家庭裁判所に提出して、その検認を請求しなければならない。遺言書の保管者がない場合において、相続人が遺言書を発見した後も、同様とする。

２　前項の規定は、公正証書による遺言については、適用しない。

３　封印のある遺言書は、家庭裁判所において相続人又はその代理人の立会いがなければ、開封することができない。

（過料）

第千五条　前条の規定により遺言書を提出することを怠り、その検認を経ないで遺言を執行し、又は家庭裁判所外においてその開封をした者は、五万円以下の過料に処する。

（遺言執行者の指定）

第千六条　遺言者は、遺言で、一人又は数人の遺言執行者を指定し、又はその指定を第三者に委託することができる。

２　遺言執行者の指定の委託を受けた者は、遅滞なく、その指定をして、これを相続人に通知しなければならない。

３　遺言執行者の指定の委託を受けた者がその委託を辞そうとするときは、遅滞なくその旨を相続人に通知しなければならない。

（遺言執行者の任務の開始）

第千七条　遺言執行者が就職を承諾したときは、直ちにその任務を行わなければならない。

２　遺言執行者は、その任務を開始したときは、遅滞なく、遺言の内容を相続人に通知しなければならない。

（遺言執行者に対する就職の催告）

第千八条　相続人その他の利害関係人は、遺言執行者に対し、相当の期間を定めて、その期間内に就職を承諾するかどうかを確答すべき旨の催告をすることができる。この場合において、遺言執行者が、その期間内に相続人に対して確答をしないときは、就職を承諾したものとみなす。

（遺言執行者の欠格事由）

第千九条　未成年者及び破産者は、遺言執行者となることができない。

（遺言執行者の選任）

第千十条　遺言執行者がないとき、又はなくなったときは、家庭裁判所は、利害関係人の請求によって、これを選任することができる。

（相続財産の目録の作成）

第千十一条　遺言執行者は、遅滞なく、相続財産の目録を作成して、相続人に交付しなければならない。

２　遺言執行者は、相続人の請求があるときは、その立会いをもって相続財産の目録を作成し、又は公証人にこれを作成させなければならない。

（遺言執行者の権利義務）

第千十二条　遺言執行者は、遺言の内容を実現するため、相続財産の管理その他遺言の執行に必要な一切の行為をする権利義務を有する。

２　遺言執行者がある場合には、遺贈の履行は、遺言執行者のみが行うことができる。

３　第六百四十四条から第六百四十七条まで及び第六百五十条の規定は、遺言執行者について準用する。

（遺言の執行の妨害行為の禁止）

第千十三条　遺言執行者がある場合には、相続人は、相続財産の処分その他遺言の執行を妨げるべき行為をすることができない。

２　前項の規定に違反してした行為は、無効とする。ただし、これをもって善意の第三者に対抗することができない。

３　前二項の規定は、相続人の債権者（相続債権者を含む。）が相続財産についてその権利を行使することを妨げない。

（特定財産に関する遺言の執行）

第千十四条　前三条の規定は、遺言が相続財産のうち特定の財産に関する場合には、その財産についてのみ適用する。

２　遺産の分割の方法の指定として遺産に属する特定の財産を共同相続人の一人又は数人に承継させる旨の遺言（以下「特定財産承継遺言」という。）があったときは、遺言執行者は、当該共同相続人が第八百九十九条の二第一項に規定する対抗要件を備えるために必要な行為をすることができる。

３　前項の財産が預貯金債権である場合には、遺言執行者は、同項に規定する行為のほか、その預金又は貯金の払戻しの請求及びその預金又は貯金に係る契約の解約の申入れをすることができる。ただし、解約の申入れについては、その預貯金債権の全部が特定財産承継遺言の目的である場合に限る。

４　前二項の規定にかかわらず、被相続人が遺言で別段の意思を表示したときは、その意思に従う。

（遺言執行者の行為の効果）

第千十五条　遺言執行者がその権限内において遺言執行者であることを示してした行為は、相続人に対して直接にその効力を生ずる。

（遺言執行者の復任権）

第千十六条　遺言執行者は、自己の責任で第三者にその任務を行わせることができる。ただし、遺言者がその遺言に別段の意思を表示したときは、その意思に従う。

２　前項本文の場合において、第三者に任務を行わせることについてやむを得ない事由があるときは、遺言執行者は、相続人に対してその選任及び監督についての責任のみを負う。

（遺言執行者が数人ある場合の任務の執行）

第千十七条　遺言執行者が数人ある場合には、その任務の執行は、過半数で決する。ただし、遺言者がその遺言に別段の意思を表示したときは、その意思に従う。

２　各遺言執行者は、前項の規定にかかわらず、保存行為をすることができる。

（遺言執行者の報酬）

第千十八条　家庭裁判所は、相続財産の状況その他の事情によって遺言執行者の報酬を定めることができる。ただし、遺言者がその遺言に報酬を定めたときは、この限りでない。

２　第六百四十八条第二項及び第三項の規定は、遺言執行者が報酬を受けるべき場合について準用する。

（遺言執行者の解任及び辞任）

第千十九条　遺言執行者がその任務を怠ったときその他正当な事由があると

きは、利害関係人は、その解任を家庭裁判所に請求することができる。

２　遺言執行者は、正当な事由があるときは、家庭裁判所の許可を得て、その任務を辞することができる。

（委任の規定の準用）

第千二十条　第六百五十四条及び第六百五十五条の規定は、遺言執行者の任務が終了した場合について準用する。

（遺言の執行に関する費用の負担）

第千二十一条　遺言の執行に関する費用は、相続財産の負担とする。ただし、これによって遺留分を減ずることができない。

第五節　遺言の撤回及び取消し

（遺言の撤回）

第千二十二条　遺言者は、いつでも、遺言の方式に従って、その遺言の全部又は一部を撤回することができる。

（前の遺言と後の遺言との抵触等）

第千二十三条　前の遺言が後の遺言と抵触するときは、その抵触する部分については、後の遺言で前の遺言を撤回したものとみなす。

２　前項の規定は、遺言が遺言後の生前処分その他の法律行為と抵触する場合について準用する。

（遺言書又は遺贈の目的物の破棄）

第千二十四条　遺言者が故意に遺言書を破棄したときは、その破棄した部分については、遺言を撤回したものとみなす。遺言者が故意に遺贈の目的物を破棄したときも、同様とする。

（撤回された遺言の効力）

第千二十五条　前三条の規定により撤回された遺言は、その撤回の行為が、撤回され、取り消され、又は効力を生じなくなるに至ったときであっても、その効力を回復しない。ただし、その行為が錯誤、詐欺又は強迫による場合は、この限りでない。

（遺言の撤回権の放棄の禁止）

第千二十六条　遺言者は、その遺言を撤回する権利を放棄することができない。

（負担付遺贈に係る遺言の取消し）

第千二十七条　負担付遺贈を受けた者がその負担した義務を履行しないときは、相続人は、相当の期間を定めてその履行の催告をすることができる。この場合において、その期間内に履行がないときは、その負担付遺贈に係る遺言の取消しを家庭裁判所に請求することができる。

第八章　遺留分

（遺留分の帰属及びその割合）

第千四十二条　兄弟姉妹以外の相続人は、遺留分として、次条第一項に規定する遺留分を算定するための財産の価額に、次の各号に掲げる区分に応じてそれぞれ当該各号に定める割合を乗じた額を受ける。

一　直系尊属のみが相続人である場合　三分の一

二　前号に掲げる場合以外の場合　二分の一

２　相続人が数人ある場合には、前項各号に定める割合は、これらに第九百条及び第九百一条の規定により算定したその各自の相続分を乗じた割合とする。

（遺留分を算定するための財産の価額）

第千四十三条　遺留分を算定するための財産の価額は、被相続人が相続開始の時において有した財産の価額にその贈与した財産の価額を加えた額から債務の全額を控除した額とする。

２　条件付きの権利又は存続期間の不確定な権利は、家庭裁判所が選任した鑑定人の評価に従って、その価格を定める。

第千四十四条　贈与は、相続開始前の一年間にしたものに限り、前条の規定によりその価額を算入する。当事者双方が遺留分権利者に損害を加えることを知って贈与をしたときは、一年前の日より前にしたものについても、同様とする。

２　第九百四条の規定は、前項に規定する贈与の価額について準用する。

３　相続人に対する贈与についての第一項の規定の適用については、同項中「一年」とあるのは「十年」と、「価額」とあるのは「価額（婚姻若しくは養子縁組のため又は生計の資本として受けた贈与の価額に限る。）」とする。

第千四十五条　負担付贈与がされた場合における第千四十三条第一項に規定する贈与した財産の価額は、その目的の価額から負担の価額を控除した額とする。

２　不相当な対価をもってした有償行為は、当事者双方が遺留分権利者に損害を加えることを知ってしたものに限り、当該対価を負担の価額とする負担付贈与とみなす。

（遺留分侵害額の請求）

第千四十六条　遺留分権利者及びその承継人は、受遺者（特定財産承継遺言により財産を承継し又は相続分の指定を受けた相続人を含む。以下この章において同じ。）又は受贈者に対し、遺留分侵害額に相当する金銭の支払を請求することができる。

２　遺留分侵害額は、第千四十二条の規定による遺留分から第一号及び第二号に掲げる額を控除し、これに第三号に掲げる額を加算して算定する。

一　遺留分権利者が受けた遺贈又は第九百三条第一項に規定する贈与の価額

二　第九百条から第九百二条まで、第九百三条及び第九百四条の規定により算定した相続分に応じて遺留分権利者が取得すべき遺産の価額

三　被相続人が相続開始の時において有した債務のうち、第八百九十九条の規定により遺留分権利者が承継する債務（次条第三項において「遺留分権利者承継債務」という。）の額

（受遺者又は受贈者の負担額）

第千四十七条　受遺者又は受贈者は、次の各号の定めるところに従い、遺贈（特定財産承継遺言による財産の承継又は相続分の指定による遺産の取得を含む。以下この章において同じ。）又は贈与（遺留分を算定するための財産の価額に算入されるものに限る。以下この章において同じ。）の目的の価額（受遺者又は受贈者が相続人である場合にあっては、当該価額から第千四十二条の規定による遺留分として当該相続人が受けるべき額を控除した額）を限度として、遺留分侵害額を負担する。

一　受遺者と受贈者とがあるときは、受遺者が先に負担する。

二　受遺者が複数あるとき、又は受贈者が複数ある場合においてその贈与が同時にされたものであるときは、受遺者又は受贈者がその目的の価額の割合に応じて負担する。ただし、遺言者がその遺言に別段の意思を表示したときは、

その意思に従う。

三　受贈者が複数あるとき（前号に規定する場合を除く。）は、後の贈与に係る受贈者から順次前の贈与に係る受贈者が負担する。

２　第九百四条、第千四十三条第二項及び第千四十五条の規定は、前項に規定する遺贈又は贈与の目的の価額について準用する。

３　前条第一項の請求を受けた受遺者又は受贈者は、遺留分権利者承継債務について弁済その他の債務を消滅させる行為をしたときは、消滅した債務の額の限度において、遺留分権利者に対する意思表示によって第一項の規定により負担する債務を消滅させることができる。この場合において、当該行為によって遺留分権利者に対して取得した求償権は、消滅した当該債務の額の限度において消滅する。

４　受遺者又は受贈者の無資力によって生じた損失は、遺留分権利者の負担に帰する。

５　裁判所は、受遺者又は受贈者の請求により、第一項の規定により負担する債務の全部又は一部の支払につき相当の期限を許与することができる。

（遺留分侵害額請求権の期間の制限）

第千四十八条　遺留分侵害額の請求権は、遺留分権利者が、相続の開始及び遺留分を侵害する贈与又は遺贈があったことを知った時から一年間行使しないときは、時効によって消滅する。相続開始の時から十年を経過したときも、同様とする。

（遺留分の放棄）

第千四十九条　相続の開始前における遺留分の放棄は、家庭裁判所の許可を受けたときに限り、その効力を生ずる。

２　共同相続人の一人のした遺留分の放棄は、他の各共同相続人の遺留分に影響を及ぼさない。

第九章　特別の寄与

第千五十条　被相続人に対して無償で療養看護その他の労務の提供をしたことにより被相続人の財産の維持又は増加について特別の寄与をした被相続人の親族（相続人、相続の放棄をした者及び第八百九十一条の規定に該当し又は廃除によってその相続権を失った者を除く。以下この条において「特別寄与者」という。）は、相続の開始後、相続人に対し、特別寄与者の寄与に応じた額の金銭（以下この条において「特別寄与料」という。）の支払を請求することができる。

２　前項の規定による特別寄与料の支払について、当事者間に協議が調わないとき、又は協議をすることができないときは、特別寄与者は、家庭裁判所に対して協議に代わる処分を請求することができる。ただし、特別寄与者が相続の開始及び相続人を知った時から六箇月を経過したとき、又は相続開始の時から一年を経過したときは、この限りでない。

３　前項本文の場合には、家庭裁判所は、寄与の時期、方法及び程度、相続財産の額その他一切の事情を考慮して、特別寄与料の額を定める。

４　特別寄与料の額は、被相続人が相続開始の時において有した財産の価額から遺贈の価額を控除した残額を超えることができない。

５　相続人が数人ある場合には、各相続人は、特別寄与料の額に第九百条から第九百二条までの規定により算定した当該相続人の相続分を乗じた額を負担する。

金融検定試験（相続３級）実施要領

金融検定試験「相続実務３級検定試験」は下記要領にて実施される予定です。ただし、変更となる場合もありますので、受験申込書を送付される前に、弊会ホームページにて必ず最新の実施要領をご確認ください。

試験日		・2024年5月19日（日）・2024年11月24日（日）
試験時間		10：00～12：30（150分） ※試験開始90分経過後の途中退出可。ただし、再入室不可。 試験開始後の入室はできません。 新型コロナ感染状況など情勢の変化によっては午前の開催を中止し、午後の開催に変更になる場合があります。試験実施時間については必ず協会ホームページにて確認して下さい。
願書受付期間		・2024年5月開催：3月上旬頃より開始 ・2024年11月開催：9月上旬頃より開始 ※詳細は協会ホームページをご覧ください。
受験料		5,100円（税込）
持込み品		受験票、筆記用具（HBかそれよりも濃い鉛筆数本、消しゴム） （注）それ以外の持込みはできません。
試験内容	出題形式	三答択一式（マークシート）
	出題数	50問
	配点	1問2点（合計100点）
合格基準		最終的な合格基準点は、試験実施後、試験委員会にて決定します。 合格点の目安は、100点満点中60点以上取得することです。
成績通知		試験実施約4週間後から、成績通知書と合格証書をお送りします（解答用紙は返却しません）。

※正解等につきましては、金融検定協会への電話でのお問合せはいっさいお断りしていますので、ご了承ください。

個人申込の方は、下記協会ホームページにて、Web上でお申込みいただくか、「個人受験申込書」をダウンロードの上郵送にて、お申込みください。

QRコード
携帯電話で協会ホームページにアクセスできます。
【ホームページ】http://www.kintei.jp/

一般社団法人 金融検定協会認定
相続実務３級　検定試験模擬問題集
24年度試験版　〈検印省略〉

2024年３月20日　24年度試験版発行
1刷　2024年３月20日

編　者　金融検定協会

発行者　星野　広友（ほしの ひろとも）

発行所　株式会社 銀行研修社
東京都豊島区北大塚３丁目10番５号
電話　東京 03(3949)4101(代表)
振替　００１２０－４－８６０４

印刷／新灯印刷株式会社
製本／株式会社中永製本所
落丁・乱丁はおとりかえいたします。
ISBN978-4-7657-4704-2 C3033